1993

Edmund's
UNITED STATES
COIN
PRICES

**COMPREHENSIVE CURRENT MARKET PRICES
FOR ALL U.S. COINS**

**COMPLETE WITH
OVER 350 ILLUSTRATIONS
AND
VALUABLE COLLECTING INFORMATION
AT YOUR FINGERTIPS**

"THE ORIGINAL CONSUMER PRICE AUTHORITY"

UNITED STATES COIN PRICES

Vol. 14 No. 2 April - July

Publisher: Peter Steinlauf

Published by: Edmund Publications Corp.
300 N Sepulveda Boulevard, Suite 2050
El Segundo, CA 90245

Editorial Director: Robert I. Belloch

Photographs by: Robert I. Belloch

Coins for Photography Courtesy of The American Numismatic Society, NY

Pages 149-153: Official United States Mint Photographs

Art Direction/Design: Julie Finger

Production Coordination: Margalit Ward

Production: Rachel Abrash, Terrey Laurent, John Ward

Special Thanks to: Dr. Richard Doty for his assistance in preparing this book

©1993 by Edmund Publications Corporation. All Rights Reserved. Any unauthorized publications, reproduction or other use of the contents herein without the express written permission of Edmund Publications Corp. is strictly forbidden by law.

United States Coin Prices is published quarterly.

Library of Congress Catalog Card Number: 80-65937

SBN: 87759-420-1

On The Cover:
The 1804 Silver Dollar "The King of American Coins"

Printed in the United States

TABLE OF CONTENTS

Introduction	3
How to Form a Collection	3
What Makes a Coin Valuable?	4
An Introduction to Grading	4
Basic Grading for U.S. Coins	5
Handling and Storage of Coins	10
United States Mints and Mintmarks	13
Recommended Reading	15
The American Numismatic Association	18
Bullion Values of U.S. Coins	19
Half Cents	20
Large Cents	23
Small Cents	27
Two Cent Pieces	34
Three Cent Pieces (Silver)	34
Three Cent Pices (Nickel)	36
Half Dimes	37
Five Cent Pieces (Nickel)	41
Dimes	48
Twenty Cent Pieces	60
Quarter Dollars	61
Half Dollars	73
Silver Dollars	88
Bicentennial Coins	98
Gold Dollars	99
Quarter Eagles ($2.50 Gold)	101
Three Dollar Gold Pieces	106
Four Dollar Gold Pieces	107
Half Eagles ($5.00 Gold)	108
Eagles ($10.00 Gold)	116
Double Eagles ($20.00 Gold)	122
Mint Sets	128
Special Mint Sets	128
Proof Sets	129
Commemoratives	130
United States Bullion Coins	154
New! Marketplace Pages	157

Introduction

This book is intended to be a useful guide for collectors of United States coins as well as the investor who wishes to include rare U.S. coins in his investment portfolio. At the time that this book is being written, the entire United States coin series is experiencing a dramatic upswing in prices. Although this series of increases have been unusually large, the continuous increase in the price of U.S. coins is by no means unusual.

To the serious numismatist, the investment potential of coins is secondary to their historical and educational value. However, he cannot ignore the increasing value of his collection over the years. This is one hobby in which one cannot lose, either financially or educationally.

The prices listed in this book have been carefully compiled by studying the current trends in the coin market. This includes auction results, dealer prices, and various references as to the relative values of various coins within a series.

In some instances, due to the increased bullion values of coins in some modern series, a minimum numismatic value has been set. In these series it would be unwise numismatic practice to purchase coins in lesser grades than the lowest priced grade because their price would be the same due to the bullion content of the coin.

How to Form a Collection

There are two basic ways of collecting coins. These are "series" collecting and "type" collecting. A series collection consists of one coin for each date and mint of a particular type (design) of coin. An example of this is Peace Type Silver Dollars. The complete series of Peace Dollars consists of twenty-four coins dated between 1921 and 1935. When collecting a series of coins it is generally good practice to purchase the most expensive or "key" coins in the series first, as these coins usually appreciate in value faster than the more common dates. This practice will help to insure your completion of the series.

A type collection consists of one coin of each major design. A complete United States type collection of regular issues would include one coin of each design illustrated in the regular issue section of this book regardless of dates.

For example, a 1938 D Buffalo nickel will serve to represent this type as well as a 1920 would. The complete type collection mentioned above would be quite costly to assemble. It is possible, however, to modify the type set any way that you choose. You can eliminate several expensive types and still assemble a very interesting collection. Alternatively you can assemble a type set of twentieth century coins only, (with or without the gold types), or a type set of one denomination.

There are no right or wrong ways to collect coins. You can collect only what you like. If your collection gives you satisfaction, you have done all you need to do.

What Makes a Coin Valuable

The **1804 DOLLAR - "THE KING OF AMERICAN COINS"** pictured here is one of the most sought after American rarities. It is a prime example of scarcity and demand. There are fifteen known specimens of the 1804 Dollar. There are several specimens of this rarity permanently impounded in the collections of museums, leaving very few specimens available to the private collector. Due to this extreme rarity and considerable demand for the coin, the price of this coin increases considerably each time a specimen is put on the market. There are, however, several other coins in the United States series that are even rarer than the 1804 Dollar. Some of these coins can be purchased for considerably less than the 1804 Dollar because they are not as popular for one reason or another. An example of this is the 1829 Large Planchet Half Eagle. There are only six known specimens of this coin, making it more than twice as rare as the 1804 Dollar. However, the 1804 Dollar, renowned as the "King of American Coins," brings considerably more money when sold because of the greater demand.

Of course, this is an extreme example of the scarcity and demand of a coin determining its value, but these factors apply to far more common coins as well. One can make the generalization that the scarce coins in a popular series will be more expensive than comparably scarce coins in less popular series.

The next crucial factor in determining the value of a coin is its condition.

Coins are available in a wide variety of states of preservation, from barely identifiable to pristine uncirculated condition. One needs only to look at the price listings in this book to see the tremendous price differences for coins in different grades. This range of prices can varyfrom a few dollars to several thousand dollars.

An Introduction to Grading

<u>Grade</u>, the condition or state of wear of a coin, is one of the main determining factors of a coin's value. Until relatively recent decades, grading was by "instinct." Based on his own knowledge and personal observations, one seller would have his own system, and another seller with another set of observations, experiences, and opinions, would have a different one. There was little standardization.

In recent times coin values have increased sharply. In many instances coins that were worth $10 twenty years ago are worth $200 or more now. A very small difference in grade can mean a very large difference in price. The exact grade of a coin is more important now than ever before.

Recently, the continued escalation of coin values has brought about finer grading distinctions than ever before. For example, the Mint State or Uncirculated grade is often divided into three classifications: Uncirculated (typical) or, in the numerical scale MS-60; Choice Uncirculated or MS-65; and Perfect Uncirculated or MS-70. The official ANA Grading System defines these and many other distinctions. It also gives important information concerning surface characteristics, methods of striking, different gradations of wear, and much other information which enables the user to accurately grade any United States coin from 1793 to the present.

In the pages immediately following, you will find basic information from the official ANA Grading System. This information is far from complete because of the size limitations of this book. The complete official ANA Grading System is a sizable reference book of 352 pages and is highly recommended by the editor as a very useful adjunct to this book.

Basic Grading Information for U.S. Coins

OFFICIAL ANA GRADING SYSTEM

The grading information on the following pages is intended to inform the reader about the basics of grading United States Coins. This information is being reproduced from *The Official American Numismatic Association Grading Standards For United States Coins* with the courtesy of the American Numismatic Association.

For more detailed grading information, the above reference is highly recommended.

Proof Coins

The term "Proof" refers to a manufacturing process which results in a special surface or finish on coins made for collectors. Most familiar are modern brilliant proofs. These coins are struck at the mint by a special process. Carefully prepared dies, sharp in all features, are made. Then the flat surfaces of the dies are given a high mirror-like polish. Specially prepared planchets are fed into low-speed coining presses. Each Proof coin is slowly and carefully struck more than once to accentuate details. When striking is completed, the coin is taken from the dies with care and not allowed to come into contact with other pieces. The result is a coin with mirror-like surface. The piece is then grouped together with other denominations in a set and offered for sale to collectors.

From 1817 through 1857 inclusive, Proof coins were made only on special occasions and not for general sale to collectors. They were made available to visiting foreign dignitaries, government officials, and those with connections at the mint. Earlier (pre-1817) United States coins may have prooflike surfaces and many proof characteristics (1796 Silver Coins are a good example), but they were not specifically or intentionally struck as proofs. There are sometimes designated as "specimen strikings."

Beginning in 1858, Proofs were sold to collectors openly. In that year 80 Silver Proof sets (containing silver coins from the three-cent piece through the Silver Dollar), plus additional pieces of the Silver Dollar denomination, were produced as well as perhaps 200 (the exact number is not known) Copper-Nickel cents and a limited number of Proof Gold coins.

The traditional or "brilliant" type of proof finish was used on all American proof coins of the nineteenth century. During the twentieth century, cents through the 1909 Indian, nickels through the 1912 Liberty, regular issued silver coins through 1907 were of the brilliant type. When modern proof coinage was resumed in 1936 and continued through 1942, then 1950-1964, and 1968 to date, the brilliant finish was used. While these types of proofs are referred to as "brilliant proofs," actual specimens may have toned over the years. The mirror-like surface is still evident, however.

From 1908 through 1915, matte proofs and sandblast proofs (the latter made by directing fine sand particles at high pressure toward the coin's surface) were made of certain gold coins (exceptions are 1909-1910 proofs with Roman finish). While characteristics vary from issue to issue, generally all of these pieces have extreme sharpness of design detail and sharp, squared-off rims. The surfaces are without luster and have a dullish matte surface. Sandblast proofs were made of certain commemoratives also, such as the 1928 Hawaiian issue.

Roman finish proof gold coins were made in 1909 and 1910. These pieces are sharply struck, have squared-off edges, and have a satin-like surface finish, not too much different from an Uncirculated coin (which causes confusion among collectors today, and which at the time of issue was quite unpopular as collectors resented having to pay a premium for a coin without a distinctly different appearance).

Matte proofs were made of Lincoln cents 1909-1917 and Buffalo Nickels 1913-1917. Such coins have extremely sharp design detail, squared-off rims, "brilliant" (mirror-like) edges, but a matte or satin-like (or even satin surface, not with flashy mint luster) surface. In some instances matte proof dies may have been used to make regular circulation strikes once the requisite number of matte proofs were made for collectors. So, it is important that a matte proof, to be considered authentic, have squared-off rims and mirror-like perfect edges in addition to the proper surface characteristics.

Additional Points Concerning Proofs: Certain regular issues or business strike coins have1915, and gold coins through nearly full prooflike surfaces. These were produced in several ways. Usually regular issue dies (intended to make coins for circulation) were polished to remove surface marks or defects for extended use. Coins struck from these dies were produced at high speed, and the full proof surface is not always evident. Also, the pieces are struck on ordinary planchets. Usually such pieces, sometimes called "First Strikes" or "Prooflike Uncirculated" have patches of Uncirculated mint frost. A characteristic in this regard is the shield on the reverse (on coins with this design feature). The stripes within the shield on proofs are fully brilliant, but on prooflike non-proofs the stripes usually are not mirrorlike. Also, the striking may be weak in areas and the rims might not be sharp.

The mirrorlike surface of a brilliant proof coin is much more susceptible to damage than the surfaces of an Uncirculated coin. For this reason, proof coins which have been cleaned often show a series of fine hairlines or minute stria tions. Also, careless handling has resulted in certain proofs acquiring marks, nicks, and scratches

Some proofs, particularly nineteenth century issues, have "lintmarks." When a proof die was wiped with an oily rag, sometimes threads, bits of hair, lint, and so on would remain. When a coin was struck from such a die, an incuse or recessed impression of the debris would appear on the piece. Lint marks visible to the unaided eye should be specifically mentioned in a description.

Proofs are divided into the following classifications:

Proof-70 (Perfect Proof). A Proof-70 or Perfect Proof is a coin with no hairlines, handing marks, or other defects; in other words, a flawless coin. Such a coin may be brilliant or may have natural toning.

Proof-65 (Choice Proof). Proof-65 or Choice Proof refers to a proof which may show some very fine hairlines, usually from friction-type cleaning or friction type drying or rubbing after dipping. To the unaided eye, a Proof-65 or a Choice Proof will appear to be virtually perfect. However, 5x magnification will reveal some minute lines. Such hairlines are best seen under strong in candescent light.

Proof-60 (Proof). Proof-60 refers to a proof with some scattered handling marks and hairlines which will be visible to the unaided eye.

Impaired Proofs; Other Comments. If a proof has been excessively cleaned, has many marks, scratches, dents or other defects, it is described as an impaired proof. If the coin has seen extensive wear then it will be graded one of the lesser grades Proof-55, Proof-45, or whatever. It is not logical to describe a slightly worn proof as "AU" (Almost Uncirculated) for it never was "Uncirculated" to begin with in the sense that Uncirculated describes a top grade normal production strike. So, the term "Impaired Proof" is appropriate. It is best to describe fully such a coin, examples being: "Proof with extensive hairlines and scuffing," or "Proof with numerous nicks and scratches in the field," or "Proof-55, with light wear on the higher surfaces."

Uncirculated Coins

The term "Uncirculated," interchangeable with "Mint State," refers to a coin which has never seen circulation. Such a piece has no wear of any kind. A coin as bright as the time it was minted or with very light natural toning can be described as "Brilliant Uncirculated." Except in the instance of copper coins, the presence or absence of light toning does not affect an Uncirculated coin's grade. Indeed, among silver coins, attractive natural toning often results in the coin bringing a premium.

The quality of luster or "mint bloom" on an Uncirculated coin is an essential element incorrectly grading the piece, and has a bearing on its value. Luster may in time become dull, frosty, spotted or discolored. Unattractive luster will normally lower the grade.

With the exception of certain Special Mint Sets made in recent years for collectors, Uncirculated or normal production strike coins were produced on high speed presses, stored in bags together with other coins, run through counting machines, and in other ways handled without regard in numismatic posterity. As a result, it is the rule and not the exception for an Uncirculated coin to have bag marks and evidence of coin-to-coin contact, although the piece might not have seen actual commercial circulation. The amount of such marks will depend upon the coin's size. Differences in criteria in this regard are given in the detailed individual grading sections of the Official ANA Grading Guide.

Uncirculated coins can be divided into three major categories:

MS-70 (Perfect Uncirculated). MS-70 or Perfect Uncirculated is the finest quality available. Such a coin under 4x magnification will show no bag marks, lines, or other evidence of handling or contact with other coins.

A brilliant coin may be described as "MS-70 Brilliant" or "Perfect Brilliant Uncirculated." A lightly toned nickel or silver coin may be described as "MS-70 Toned" or "Perfect Toned

Uncirculated." Or in the case of particularly attractive or unusual toning, additional adjectives may be in order such as "Perfect Uncirculated with attractive iridescent toning around the borders."

Copper and Bronze coins: To qualify as MS-70 or Perfect Uncirculated, a copper or bronze coin must have its full luster and natural surface color, and may not be toned brown, olive, or any other color; (coins with toned surfaces which are otherwise perfect should be described as MS-65 as the following text indicates.)

MS-65 (Choice Uncirculated). This refers to an above average Uncirculated coin which may be Brilliant or Toned (and described accordingly) and which has fewer bag marks than usual;scattered occasional bag marks on the surface or perhaps one or two very light rimmarks.

MS-60 (Uncirculated). MS-60 or Uncirculated (typical Uncirculated without any other adjectives) refers to a coin which has a moderate number of bag
marks on its surface. Also present may be a few minor edge nicks and marks although not of a serious nature. Unusually deep bag marks, nicks, and the like must be described separately. A coin may be either brilliant or toned.

Striking and Minting Peculiarities on Uncirculated Coins

Certain early United States gold and silver coins have mint-caused planchet or adjustment marks, a series of parallel striations. If these are visible to the naked eye, they should be described adjectively in addition to the numerical or regular descriptive grade. For example: "MS-60 with adjustment marks," or "MS-65 with adjustment marks," or "Perfect Uncirculated with very light adjustment marks," or something similar.

If an Uncirculated coin exhibits weakness due to striking or die wear, or unusual (for the variety) die wear, this must be adjectively mentioned in addition to the grade. Examples are: "MS-60, lightly struck," or "Choice Uncirculated, lightly struck," and "MS-70, lightly struck."

Circulated Coins

Once a coin enters circulation it begins to show signs of wear. As time goes on the coin becomes more and more worn until, after a period of many decades, only a few features may be left.

Dr. William H. Sheldon devised a numerical scale to indicate degrees of wear. According to the scale, a coin touched by even the slightest trace of wear (below MS-60) cannot be called Uncirculated. While numbers from 1 through 59 are continuous, it has been found practical to designate specific intermediate numbers to define grades. Hence, this text uses the following descriptions and their numerical equivalents:

Choice About Uncirculated-55. Abbreviation: AU-55. Only a small trace of wear is visible on the highest points of the coin. As in the case with the other grades here, specific information is listed in the Official ANA Grading Guide under the various types, for wear often occurs in different spots on different designs.

About Uncirculated-50. Abbreviation: AU-50. With traces of wear on nearly all of the highest areas. At least half of the original mint luster is present.

Choice Extremely Fine-45. Abbreviation: EF-45. With light overall wear on the coins highest points. All design details are very sharp. Mint luster is usually seen only in protected areas of the coin's surface such as between the star points and in the letter spaces.

Extremely Fine-40. Abbreviation: EF-40. With only slight wear but more extensive than the preceding, still with excellent overall sharpness. Traces of mint luster may still show.

Choice Very Fine-30. Abbreviation: VF-30. With light even wear on the sur faces; design details on the highest points lightly worn, but with all lettering and major features sharp.

Very Fine-20. Abbreviation: VF-20. As preceding but with moderate wear on highest parts.

Fine-12. Abbreviation: F-12. Moderate to considerable even wear. Entire design is bold. All lettering, including the word LIBERTY (on coins with thiis feature on the shield or headband), visible, but with some weaknesses.

Very Good-8. Abbreviation: VG-8. Well worn. Most fine details such as hair strands, leaf details, and so on are worn nearly smooth. The word LIBERTY if on a shield or headband is only partially visible.

Good-4. Abbreviation: G-4. Heavily worn. Major designs visible, but with faintness in areas. Head of liberty, wreath, and other major features visible in outline form without center detail.

About Good-3. Abbreviation AG-3. Very heavily worn with portions of the lettering, date, and legends being worn smooth, the date barely readable.

Editor's Note: The exact descriptions of circulated grades vary widely from issue to issue, so the preceding commentary is only of a very general nature. It is once again highly recommended that The Official ANA Grading Guide *be referred to for specific information about grading the various types.*

Split and Intermediate Grades

It is often the case that because of peculiarities of striking or a coin's design, one side of the coin will grade differently from the other. When this is the case, a diagonal mark is used to separate the two. For example, a coin with an AU-50 obverse and a Choice Extremely Fine-45 reverse can be described as: AU/EF or, alternatively 50/45.

The ANA standard numerical scale is divided into the following steps: 3, 4, 8, 12, 20, 30, 40, 50, 55, 60, 65, and 70. Most advanced collectors and dealers find that the gradations from AG-3 through choice AU-55 are sufficient to describe nearly every coin showing wear. The use of intermediate grade levels such as EF-42, EF-43, and so on is not encouraged. Grading is not that precise, and using such finely split intermediate grades is imparts a degree of accuracy which probably will not be able to be verified by other numismatists. As such, it is discouraged.

A split or intermediate grade, such as that between VF-30 and EF-40 should be called choice VF-35 rather than VF-EF or about EF.

An exception to intermediate grades can be found among Mint State coins — coins grading from MS-60 through MS-70. Among Mint State Coins there are fewer variables. Wear is not a factor; the considerations are the amount of bag marks and surface blemishes. While it is good numismatic practice to adhere to the numerical classifications of 60, 65, and 70, it is permissible to use intermediate grades.

In all instances, the adjectival description must be of the next lower grade. For example, a standard grade for a coin is MS-60 or Uncirculated Typical. The next major category is MS-65 or Uncirculated Choice. A coin which is felt to grade, for example MS-

64, must be described as "MS-64, Uncirculated Typical." It may not be described as Choice Uncirculated for the minimum definition of Choice Uncirculated is MS-65. Likewise, an MS-69 coin must be described as: MS-69, Uncirculated Choice. It is not permissible to use Uncirculated Perfect for any coin which is any degree less than MS-70.

The ANA Grading System considers it to be good numismatic practice to adhere to the standard 60, 65 and 70 numerical designations. Experienced numismatics can generally agree on whether a given coin is MS-60 or MS-65.

However, not even the most advanced numismatists can necessarily agree on whether a coin is MS-62 or MS-63; the distinction is simply too minute to permit accuracy. In all instances it is recommended that intermediate grades be avoided, and if there is any doubt, the lowest standard grade should be used. The use of plus or minus signs is also not accepted practice.

Grading Abbreviations

Corresponding Numbers May Be Used With Any Of These Descriptions.

MS-70	Perfect Uncirculated	Perf. Unc.	UNC.-70
MS-65	Choice Uncirculated	Ch. Unc.	UNC.-65
MS-60	Uncirculated	Unc.	UNC.-60
AU-55	Ch. Abt. Unc.	Ch. Abt. Unc.	CH. AU
AU-50	About Uncirculated	Abt. Unc.	AU
EF-45	Choice Extremely Fine	Ch. Ex. Fine	CH. EF
EF-40	Extremely Fine	Ex. Fine	EF
VF-30	Choice Very Fine	Ch.V. Fine	CH. VF
VF-20	Very Fine	V. Fine	VF
F-12	Fine	Fine	F
VG-8	Very Good	V. Good	VG
G-4	Good	Good	G
AG-3	About Good	Abt. Good	AG

Handling and Storage of Coins

As a coin collector you are commissioned by posterity to handle each coin in your possession carefully and to preserve it in the condition in which it was received.

When examining a coin you should hold it by its edges and over a cloth pad or other soft surface. In this way if it accidentally falls no harm will be done. A coin should never be touched on either of its faces, obverse or reverse, for the oil and acid in one's skin will eventually leave fingerprints if not soon, then years later. Also, one should avoid holding a coin near one's mouth while talking as small drops of moisture may land on the coin's surface and later cause what are commonly referred to as "flyspecks" tiny pinpoints of oxidation.

Coins should be stored in a dry location free of harmful fumes. The presence of sulfur in the atmosphere, a situation caused by certain types of coal combustion and also by industrial processes, sometimes will impart to silver coins in particular a yellowish or blackish toning. Dampness will result in oxidation or, in extreme instances, surface corrosion. Dampness can be best solved by moving coins to a drier location. If this is not possible, then a packet of silica gel (available in drug stores or photographic supply stores) put in with the coins will serve to absorb moisture and may alleviate the problem. Also, the storage of coins in airtight containers will help.

The more a coin is exposed to freely circulating air, the more tendency it has to change color or tone. Storage of coins in protective envelopes and hard plastic holders will usually help prevent this.

Cleaning Coins

Experienced numismatists will usually say that a coin is best left alone and not cleaned. However, most beginning collectors have the idea that "Brilliant is best" and somehow feel that cleaning a coin will "improve" it. As the pen chant for cleaning seems to be universal, and also because there are some instances in which cleaning can actually be beneficial, some important aspects are presented here.

All types of cleaning, "good" and "bad," result in the coin's surface being changed, even if only slightly. Even the most careful "dipping" of a coin will, if repeated time and time again, result in the coin acquiring a dullish and microscopically etched surface. It is probably true to state that no matter what one's intentions are, for every single coin actually improved in some way by cleaning, a dozen or more have been decreased in value. Generally experienced numismatists agree that a coin should not be cleaned unless there are spots of oxidation, pitting which might worsen in time, or unsightly streaking or discoloration.

Processing, Polishing, and Other Mistreatment of Coins

There have been many attempts to give a coin the appearance of being in a higher grade than it actually is. Numismatists refer to such treatment as "processing." Being different from cleaning (which can be "good" or "bad"), processing is never beneficial.

Types of processing include polishing and abrasion which removes metal from a coin's surface, etching and acid treatment, and "whizzing," the latter usually referring to abrading the surface of a coin with a stiff wire brush, often in a circular motion, to produce a series of minute tiny parallel scratches which to the unaided eye or under low magnification often appear to be like mint luster. Under high magnification (in this instance a very strong magnifying glass, should be used) the surface of a whizzed coin will show countless tiny scratches. Also, the artificial "mint luster" will usually be in a uniform pattern throughout the coin's surfaces, whereas on an Uncirculated coin with true mint luster the sheen of the luster will be different on the higher parts than on the field. Some whizzed coins can be extremely deceptive. Comparing a whizzed coin to an untreated coin is the best way to gain experience in this regard.

The reader is advised that the American Numismatic Association's bylaws make a member subject to disciplinary action if he advertises or offers for sale or trade any coin that has been whizzed and is represented to be of a better condition than it was previously.

Often one or more methods of treating a coin are combined. Sometimes a coin will be cleaned or polished and then by means of heat, fumes, or other treatment artificial toning will be applied. There are many variations.

When a coin has been polished, whizzed, artificially retoned, or in any other way changed from its original natural appearance and surface, it must be so stated in a description. For example; a coin which has Extremely Fine but whizzed to give it the artificial appearance of Uncirculated should be described as "Extremely Fine, Whizzed." An AU coin which is been recolored should be described as "AU, Recolored." The simple "dipping" (without abrasion) of an already Uncirculated or Proof coin to brighten the surface does not have to be mentioned unless such dipping alters the appearance from when the coin was first struck (for example, in the instance of a copper or bronze coin in which dipping always produces an unnatural color completely unlike the coin when it was first struck).

Natural Coloration of Coins

Knowledge of the natural color which coinage metals acquire over a period of years is usefull to the collector. To an extent, a coin's value is determined by the attractiveness of its coloration. Certain types of unnatural color might indicate that a coin has been cleaned or otherwise treated.

The basic coinage metals used in the United States are alloys of copper, nickel, silver, and gold. Copper tends to tone the most rapidly. Gold is the least chemically active and will tone only slightly and then only over a long period of years.

Copper. Copper is among the most chemically active of all coinage metals. Half cents, large cents of 1793-1857 were made of nearly pure copper. Later "copper" coins are actually bronze.

When a copper coin is first struck it emerges from the dies with a brilliant pale-orange surface, the color of a newly minted Lincoln cent. There were some exceptions in the early years among half cents and large cents. Copper was obtained from many different sources, traces of impurities varied from shipment to shipment, and some newly minted coins had a subdued brilliance, sometimes with a brownish or grayish cast.Once a freshly minted coin enters the atmosphere it immediately begins to oxidize. Over a period of years, especially if exposed to actively circulating air or if placed in contact with sulphites, the coin will acquire a glossy brown surface. In between the brilliant and glossy brown stages it will be part red and part brown.

An Uncirculated coin with full original mint brilliance, usually slightly subdued in coloration, is typically described as Brilliant Uncirculated (our example here is for a typical Uncirculated or MS-60 coin); a choice piece would be called Choice Brilliant Uncirculated, and so on. One which is part way between brilliant and brown surface hues would be called Red and Brown Uncirculated. Specimens with brownish surfaces can be called Brown Uncirculated. Particularly valuable coins can have the coloration described in more detail. Generally, in any category of grading, the more explanation given, the more accurate is the description.

Brilliant Proof (with mirrorlike fields) copper and bronze coins are pale orange when first struck. Over a period of time they, like Uncirculated pieces of the same metal, tend to tone brown. Often attractive iridescent hues will develop in the intermediate stages. A Proof copper coin can be described as Brilliant Proof (if the surfaces are still "bright"), Red and Brown Proof, or Brown Proof.

Matte Proofs were made at the Philadelphia Mint in the Lincoln cent series from 1909 to 1916. When first introduced, these were stored in yellow tissue paper which tended to tone them quickly to shades varying from deep reddish- brown to dark brown with iridescent tones. This surface coloration is normal today for a Matte Proof bronze coin and should be expected. Most "bright" Matte Proofs have been cleaned or dipped.

Early copper and bronze coins with full original mint brilliance are more valuable than Red and Brown Uncirculated pieces. The more original mint brilliance present, the more valuable a coin will be. The same is true of Proofs.

Circulated copper coins are never fully Brilliant, but are toned varying shades of brown. Certain early large cents and half cents often tone black because of the presence of impurities in the original metal.

Nickel. Uncirculated nickel (actually an alloy of copper and nickel) coins when first minted are silver-gray in appearance, not as bright as silver but still with much brilliance. Over a period of time nickel coins tend to tone a hazy gray, gray, or golden coloration, sometimes with bluish overtones. Proof nickel coins will tone in the same manner.

The presence or absence of attractive toning does not affect an Uncirculated or Proof nickel coin's value. Many collectors, particularly those with great ex perience, will actually prefer and will sometimes pay a premium for very at tractive light toning. Very dull, heavily toned, or spotted coins are considered less valuable. Circulated nickel coins have a gray appearance.

Silver. When first minted, silver coins have a bright silvery-white surface. Over a period of time silver, a chemically active metal, tends to tone deep brown or black. Uncirculated and Proof silver pieces often exhibit very beautiful multi-colored iridescent hues after a few years. The presence or absence of attractive toning does not affect a silver coin's value one way or the other. Old timers and museums will often prefer attractively toned coins. Beginners sometimes think that "brilliant is best." Circulated silver coins often have a dull gray appearance, sometimes with deep gray or black areas.

Gold. When first struck, gold coins are a bright yellow-orange color. As gold coins are not pure gold but are alloyed with copper and traces of other substances, they do tend to tone over a period of time. Over a period of

decades, a gold coin will normally acquire a deep orange coloration, sometimes with light brown or orange-brown toning "stains" or streaks in areas (resulting from improperly mixed copper traces in the alloy.) Light toning does not affect the value of a gold coin.

Very old gold coins, particularly those in circulated grades, will sometimes show a redoxidation. Gold coins which have been recovered from treasure wrecks after centuries at the sea bottom will sometimes have a minutely porous surface because of the corrosive action of sea water. Such pieces sell for less than specimens which have not been so affected. Care must be taken to distinguish these from cast copies which often have a similar surface.

United States Mints and Mint Marks

The United States Mint at Philadelphia is the "parent" mint of the United States. Regular issue U.S. coinage was commenced at Philadelphia in 1793. From that time to date, all dies for U.S. coinage have been made at Philadelphia. It has been customary for coins of the

Philadelphia mint to not carry a mint mark. The exceptions to this practice are the nickels of 1942-1945 and the Susan B. Anthony type dollar.

From time to time, branch mints have been established to increase coinage production to keep up with increasing commercial needs for coins. To distinguish coins struck at these branch mints, a letter (or letters) was punched into the dies sent from Philadelphia to the branch mints. The mint marks of these mints are as follows:

MINT MARK	MINT	DATES OF OPERATION
P	Philadelphia, Pennsylvania	1793 to date
O	New Orleans, Louisiana	1838-1861 and 1879-1909
D	Dahlonega, Georgia	1838-1861 (gold coins only)
C	Charlotte, North Carolina	1838-1861 (gold coins only)
S	San Francisco, California	1854-1955 & 1968 to date
CC	Carson City, Nevada	1870-1893
D	Denver, Colorado	1906 to date
W	West Point, New York	1984

Mint Mark Locations

DENOMINATION	TYPE	SIDE OF COIN	LOCATION OF MINT MARK
Cent	Indian Head	Reverse	Below Wreath
Cent	Lincoln	Obverse	Below Date
Three Cents (Silver)	—	Reverse	At Right of C
Five Cent Nickel	Liberty Head	Reverse	At Left of Cents Below Dot
Five Cent Nickel	Buffalo	Reverse	Below Five Cents
Five Cent Nickel	Jefferson 1938-64	Reverse	At Right of Building
Five Cent Nickel	Jefferson (Wartime)	Reverse	Large Mintmark Above Building
Five Cent Nickel	Jefferson 1968-Date	Obverse	Below Date
Half Dime	Liberty Seated	Reverse	Above or Below Bow of Wreath
Dime	Liberty Seated	Reverse	Above or Below Bow of Wreath
Dime	Barber	Reverse	Below Wreath
Dime	Mercury	Reverse	At Right of ONE
Dime	Roosevelt 1946-64	Reverse	At Left of Torch
Dime	Roosevelt 1968-Date	Obverse	Above Date
Twenty Cents	—	Reverse	Below Eagle
Quarter Dollar	Liberty Seated	Reverse	Below Eagle
Quarter Dollar	Barber	Reverse	Below Eagle
Quarter Dollar	Standing Liberty	Obverse	At Left of Date
Quarter Dollar	Washington 1938-64	Reverse	Below Wreath
Quarter Dollar	" 1968-Date	Obverse	At Right of Ribbon
Half Dollar	Cap bust, Reed edge	Obverse SIDE	Above Date

DENOMINATION	TYPE	SIDE OF COIN	LOCATION OF MINT MARK
Half Dollar	Liberty Seated	Reverse	Below Eagle
Half Dollar	Barber	Reverse	Below Eagle
Half Dollar	Liberty Walk 1916-17	Obverse	Below Motto
Half Dollar	Liberty Walk 1917-47	Reverse	Below Leaves at Left
Half Dollar	Franklin	Reverse	Above Yoke of Bell
Half Dollar	Kennedy 1964	Reverse	At Left of Branch
Half Dollar	Kennedy 1968-Date	Obverse	Above Date
Silver Dollar	Liberty Seated	Reverse	Below Eagle
Trade Dollar	—	Reverse	Below Eagle
Silver Dollar	Morgan	Reverse	Below Wreath
Silver Dollar	Peace	Reverse	Below ONE at Left of Wingtip
Dollar	Eisenhower	Obverse	Above Date
Dollar	S.B. Anthony	Obverse	At Left of Head
Gold Dollar	All Types	Reverse	Below Wreath
Quarter Eagle	Classic Head	Obverse	Above Date
Quarter Eagle	Coronet	Reverse	Below Eagle
Quarter Eagle	Indian Head	Reverse	At Left of Fasces
Three Dollars	—	Reverse	Below Wreath
Half Eagle	Classic Head	Obverse	Above Date
Half Eagle	Coronet 1939	Obverse	Above Date
Half Eagle	Coronet 1840-1908	Reverse	Below Eagle
Half Eagle	Indian Head	Reverse	At Left of Fasces
Eagle	Coronet	Reverse	Below Eagle
Eagle	Indian Head	Reverse	At Left of Fasces
Double Eagle	Coronet	Reverse	Below Eagle
Double Eagle	Saint-Gaudens	Obverse	Above Date

Recommended Reading

A fairly extensive listing of recommended books and periodicals concerning United States coins is being included because the editor believes that it is very important to read as much information as possible before spending large sums of money for coins. While *Edmund's United States Coin Prices* is intended to give you accurate price listings for all United States regular issue and commemorative coins, there is a wealth of detailed specific information in the publications on the following pages.

Periodicals

COIN WORLD (Weekly)   Post Office Box 150, Sidney, OH 45365
COINS MAGAZINE (Monthly)   Iola, WI 54945
COINage MAGAZINE (Monthly)   17337 Ventura Blvd., Encino, CA 91316
NUMISMATIC NEWS (Weekly)   Iola, WI 54945

General Reference

Yeoman, R.S., *A GUIDE BOOK OF UNITED STATES COINS*, 36th edition,
    1983 Racine, Wisconsin
Taxay, Don, *THE U.S. MINT AND COINAGE*, New York 1966 Reprinted 1969
Bressett, Ken and Kosoff, A., *OFFICIAL A.N.A. GRADING STANDARDS FOR
    UNITED STATES COINS*, Racine, Wisconsin 1977
Bowers, Q. David, *THE HISTORY OF UNITED STATES COINAGE, AS
    ILLUSTRATED BY THE GARRETT COLLECTION*, Los Angeles, California 1979
        IBID., *ADVENTURES WITH RARE COINS*, Los Angeles, California 1979
        IBID., *COINS AND COLLECTORS*, New York, New York 1971
Stack, Norman, *UNITED STATES TYPE COINS*, New York, New York 1977

Specialized Reference

NOTE: The following books are recommended to the collector who wishes to specialize in a particular series of United States coins. At the end of this listing, we have included a few books covering Colonial coins, Pattern coins and mint errors. These coins are somewhat related to the collecting of U.S. regular issue coins, but are not within the scope of this book.

Gilbert, Ebenezer, *UNITED STATES HALF CENTS*, New York 1916,
    Hewitt Reprint, Chicago
Sheldon, Wm. H., *PENNY WHIMSY (1793-1814)*, Lawrence, Mass. 1976
Newcomb, H.R., *UNITED STATES COPPER CENTS 1816-1857*, New York 1944
Valentine, D.W., *THE UNITED STATES HALF DIMES*, New York 1931
Kosoff, A., *UNITED STATES DIMES FROM 1796*, New York 1945
Ahwash, Kamal M., *ENCYCLOPEDIA OF UNITED STATES LIBERTY SEATED DIMES
    1837-1891*, Kamal Press 1977
Browning, A.W., *THE EARLY QUARTER DOLLARS OF THE UNITED STATES
    1796-1838*, New York 1925
Haseltine, J.W., *TYPE TABLE OF UNITED STATES DOLLARS, HALF DOLLARS
    AND QUARTER DOLLARS*, Phila, 1881 Reprinted 1968
Cline, J.H. *STANDING LIBERTY QUARTERS, 1976*
Kelman, Keith N., *STANDING LIBERTY QUARTERS, 1976*
Beistle, M.L., *REGISTER OF UNITED STATES HALF DOLLARS VARIETIES
    AND SUBVARIETIES*, Shippensburg, Pa. 1929

Overton, Al C., *EARLY HALF DOLLAR DIE VARIETIES 1794-1836*,
    Colorado Springs, 1967, Revised 1970
Bolender, M.H., *THE UNITED STATES EARLY SILVER DOLLARS FROM
    1794-1803*, Freeport, Ill. 1950
Newman, Eric P. and Bressett, Kenneth E., *THE FANTASTIC 1804 DOLLAR*,
    Racine, Wisconsin 1962
Willem, John M., *THE UNITED STATES TRADE DOLLAR*, Racine,
    Wisconsin 1965
Van Allen, Leroy C. and Mallis, A. George, *COMPREHENSIVE CATALOGUE
    AND ENCYCLOPEDIA OF U.S. MORGAN AND PEACE SILVER DOLLARS*,
    New York 1976
Akers, David W., *UNITED STATES GOLD COINS, AN ANALYSIS OF
    AUCTION RECORDS*
        VOLUME I GOLD DOLLARS, 1849-1889, Englewood, Ohio, 1975
        VOLUME II QUARTER EAGLES, 1796-1929, Englewood, Ohio, 1975
        *VOLUME III THREE DOLLAR GOLD PIECES 1854-1889 AND FOUR
            DOLLAR GOLD PIECES 1879-1880*, Englewood, Ohio 1976
        VOLUME IV HALF EAGLES 1795-1929, Englewood, Ohio 1979
        VOLUME V EAGLES 1795-1933, Englewood, Ohio 1980
        VOLUME VI DOUBLE EAGLES 1849-1933, Englewood, Ohio 1982
Slabaugh, Arlie R., *UNITED STATES COMMEMORATIVE COINAGE*,
    Racine, Wisconsin, 1975
Taxay, Don, *AN ILLUSTRATED HISTORY OF U.S. COMMEMORATIVE
    COINAGE*, New York 1967
Breen, Walter, *WALTER BREEN'S ENCYCLOPEDIA OF UNITED STATES AND
    COLONIAL PROOF COINS 1722-1977*, Albertson, New York, 1977
Judd, J. Hewitt, MD., *UNITED STATES PATTERN, EXPERIMENTAL AND
    TRIAL PIECES*, Sixth edition, Racine, Wisconsin, 1977
Herbert, Alan, *THE OFFICIAL PRICE GUIDE TO MINT ERRORS AND
    VARIETIES*, Orlando, Florida 1978
Durst, Sanford J., *COMPREHENSIVE GUIDE TO AMERICAN COLONIAL
    COINAGE*, New York 1976
Crosby, S.S., *THE EARLY COINS OF AMERICA*, Boston 1875
    (Reprints, 1945, 1965, 1975)
Kessler, Alan, *THE FUGIO CENTS*, Newtonville, Massachusetts 1976

The American Numismatic Association

At this point we would like to recommend that the reader consider becoming a member of the American Numismatic Association. The A.N.A. is a non-profit educational association that was founded in 1891 and chartered by an act of Congress in 1912. It welcomes all persons eleven years of age and over who have a sincere interest in numismatics, whether they collect coins, paper money, tokens or medals, whether advanced collectors or those only generally interested in the subject without being collectors. The association has over 30,000 members from every state in the Union and many foreign countries.

A.N.A. membership makes it easier for you, as a collector, to make a serious study of the area of numismatics that interests you to build up a real knowledge of your specialty while you are building your collection. Benefits of membership include a subscription to THE NUMISMATIST, the Association's official magazine, which is mailed free to all members except associates. There are many informative articles in this magazine which usually has 160 pages or more. Advertising in THE NUMISMATIST is accepted from members only who must agree to abide by a very strict code of ethics. The A.N.A. also maintains the largest circulating numismatic library in the world, with more than 30,000 titles of books, periodicals, catalogs, slide and video programs. Books and other library items are loaned to members without charge other than postage. In addition to these benefits, there is a money museum, conventions, seminars, coin clubs, programs for young numismatists and other programs. There is also an authentication service which, for a fee, will examine coins submitted to it and issue certificates of authentication for those determined to be genuine.

To get more information about the A.N.A. and an application form, write to:

AMERICAN NUMISMATIC ASSOCIATION
818 N. Cascade Avenue
Colorado Springs, Colorado 80903-3279

EDITOR'S NOTE: Neither the Editor nor the Publisher of this book are dealers in United States coins. The prices contained herein are therefore not an offer to buy or sell coins. They are intended to serve the reader as a guide to the current market value of United States coins as of the time of publication. Due to the volatile nature of the coin market, this book will be revised and updated on a quarterly basis so that we can give the reader the most accurate prices possible. All information and prices published herein are gathered from sources which, in the editor's opinion, are considered reliable, but under no circumstances is the reader to assume that this information is official or final. The advertisements included herein are not operated by nor are they the responsibility of the publisher.

HALF CENTS 19

BULLION VALUES OF UNITED STATES COINS

SILVER COINS

Price of Silver Per Troy Ounce	$3.50	$4.00	$4.50	$5.00	$6.00	$7.00	$8.00	$9.00	$10.00
Wartime Nickels 1942-45 (.350 Fine)	.20	.23	.25	.28	.34	.39	.45	.51	.56
Dimes (.900 Fine) 1964 and Earlier	.25	—	.29	.33	.36	.43	.51	.58	.65	.72
Quarters (.900) 1964 and Earlier	.63	.72	.81	.90	1.09	1.27	1.45	1.63	1.81
Half Dollars (.900 Fine) 1964 and Earlier	1.27	1.45	1.63	1.81	2.17	2.53	2.89	3.26	3.62
Silver Dollars (.900 Fine) 1935 and Earlier	2.71	3.09	3.48	3.87	4.64	5.41	6.19	6.96	7.73
Half Dollars (.400 Fine) 1965-1970	.52	.59	.67	.74	.89	1.04	1.18	1.33	1.48
Ike Dollars (.400 Fine) (S-Mint)	1.11	1.27	1.42	1.58	1.90	2.21	2.53	2.85	3.16

GOLD COINS

Price of Gold Per Troy Ounce	$325.	$350.	$375.	$400.	$425.	$450.	$475.	$500	$525.
Gold Dollars (.900 Fine)	15.72	16.93	18.14	19.35	20.56	21.77	22.98	24.19	25.39
Quarter Eagles ($2.50) (.900 Fine)	39.31	42.33	45.25	48.38	51.40	54.42	57.45	60.47	63.50
Three Dollars (.900 Fine)	47.16	50.79	54.42	58.05	61.68	65.30	68.93	72.56	76.19
Half Eagles ($5.00) (.900 Fine)	78.61	84.65	90.70	96.75	102.79	108.84	114.89	120.94	126.98
Eagles ($10.00) (.900 Fine)	157.22	169.31	181.41	193.50	205.59	217.69	229.78	241.88	253.97
Double Eagles ($20.00) (.900)	314.44	338.63	362.81	387.00	411.19	435.38	459.56	483.75	507.94

EXPLANATION OF BULLION VALUE CHARTS

Many newcomers to numismatics have the erroneous opinion that the prices of gold and silver are closely related to their bullion value. This assumption is quite far from the truth. Bullion value determines only the base value of coins. This value applies to the most common dates of the series and usually only coins that are not in choice condition. No U.S. silver coins minted before 1892 are affected significantly by this base value because they all have numismatic value in excess of their bullion value even in the lowest collectible grades.

For those who are interested in using the bullion value charts, the following information should be noted: Dealers will generally pay considerably less for silver coins than their full melt value (listed above). At the time that this book is being written, dealers were paying as much as 40% below melt value for silver.

The prices dealers are paying for bullion related (common date) United States gold coins are quite different. U.S. gold coins have already sold for a premium over actual melt value. This premium has changed considerably in the present volatile market, so we recommend that anyone wishing to sell common date gold coins should get several offers from dealers before selling to the highest bidder.

HALF CENTS

UNITED STATES REGULAR ISSUE COINS

HALF CENTS
1793-1857

LIBERTY CAP TYPE
1793-1797

DIAMETER—
  1793 - 22mm
  1794-1797 - 23.5mm
WEIGHT—
  1793-1795 6.74 Grams
  1795-1797 5.44 Grams
COMPOSITION—Copper
DESIGNER—
  1793 Adam Eckfeldt,
  1794-Robert Scot,
  1795-John S. Gardner
EDGE—1793-1795,
TWO HUNDRED FOR DOLLAR;
  1795-1797 Plain

DATE	MINTAGE	G-4	VG-8	F-12	VF-20	EF-40	MS-60
1793 Head Left	35,334	1650.	2000.	2900.	4500.	6750.	—
1794 Head Right	81,600	275.	400.	700.	1300.	2200.	—
1795 Lettered Edge, Pole	25,600	250.	375.	600.	1100.	2000.	—
1795 Lettered Edge Punctuated Date	Inc. Above	250.	375.	600.	1100.	2200.	—
1795 Plain Edge, No Pole	109,000	240.	350.	575.	1000.	1800.	—
1795 Plain Edge, Punctuated Date	Inc. Above	250.	350.	575.	1000.	1900.	—
1796 With Pole	5,090	4000.	5400.	8000.	12,000.	20,000.	—
1796 No Pole	1,390			VERY RARE			
1797 Plain Edge	119,215	280.	400.	625.	1100.	2000.	—
1797 Lettered Edge	Inc. Above	900.	1500.	2400.	4750.	—	—
1797 1 Above 1	Inc. Above	250.	350.	575.	1000.	1800.	—

DRAPED BUST TYPE
1800-1808

DIAMETER—23.5mm
WEIGHT—5.44 Grams
COMPOSITION—Copper
DESIGNER—Robert Scot
EDGE—Plain

DATE	MINTAGE	G-4	VG-8	F-12	VF-20	EF-40	MS-60
1800	211,530	35.00	40.00	60.00	140.	325.	—
1802/0 Rev. 1800	14,366	5000.	8750.	12,500.	—	—	—
1802/0 Rev. 1802	Inc. Above	400.	950.	2200.	4000.	9500.	—
1803	97,900	30.00	40.00	52.50	125.	325.	—

HALF CENTS

DATE	MINTAGE	G-4	VG-8	F-12	VF-20	EF-40	MS-60
1804 Plain 4, Stemless	1,055,312	30.00	40.00	50.00	65.00	180.	725.
1804 Plain, 4, Stems	Inc. Above	30.00	40.00	50.00	70.00	200.	725.
1804 Cross 4, Stemless	Inc. Above	30.00	40.00	50.00	70.00	200.	725.
1804 Cross 4, Stems	Inc. Above	30.00	40.00	50.00	70.00	200.	725.
1804 Spiked Chin	Inc. Above	30.00	40.00	50.00	65.00	180.	—
1805 Small 5, Stemless	814,464	30.00	40.00	55.00	75.00	220.	—
1805 Small 5, Stems	Inc. Above	450.	950.	2200.	3000.	3750.	—
1805 Large 5, Stems	Inc. Above	30.00	40.00	50.00	75.00	220.	—
1806 Small 6, Stems	356,000	180.	300.	425.	750.	1600.	—
1806 Small 6, Stemless	Inc. Above	30.00	40.00	50.00	65.00	180.	800.
1806 Large 6, Stems	Inc. Above	30.00	40.00	50.00	65.00	180.	800.
1807	476,000	30.00	40.00	50.00	75.00	275.	725.
1808 Over 7	400,000	55.00	100.	180.	600.	—	—
1808	Inc. Above	30.00	40.00	50.00	75.00	300.	900.

CLASSIC HEAD TYPE
1809-1836

DIAMETER—23.5mm
WEIGHT—5.44 Grams
COMPOSITION—Copper
DESIGNER—John Reich
EDGE—Plain

DATE	MINTAGE	G-4	VG-8	F-12	VF-20	EF-40	MS-60
1809 Over 6	1,154,572	25.00	32.50	37.50	52.50	75.00	525.
1809	Inc. Above	25.00	32.50	37.50	50.00	70.00	500.
1810	215,000	30.00	37.50	50.00	100.	180.	1700.
1811	63,140	75.00	120.	300.	850.	1800.	—
1811 Restrike Rev. Of 1802							6400.
1825	63,000	27.50	32.50	42.50	65.00	115.	1000.
1826	234,000	27.50	32.50	40.00	55.00	80.00	750.
1828 13 Stars	606,000	25.00	27.50	32.50	45.00	62.50	300.
1828 12 Stars	Inc. Above	20.00	22.00	27.50	45.00	65.00	500.
1829	487,000	25.00	27.50	32.50	45.00	67.50	600.
1831 Original	2,200	—	—	—	3500.	4500.	7500.
1832 Restrike Lg. Berries, Rev Of 1836					PROOF ONLY		5800.
1831 Restrike Sm. Berries, Rev Of 1840-1857					PROOF ONLY		7000.
1832	154,000	25.00	27.50	32.50	45.00	65.00	300.
1833	120,000	25.00	27.50	32.50	45.00	62.50	300.
1834	141,000	25.00	27.50	32.50	45.00	62.50	300.
1835	398,000	25.00	27.50	32.50	45.00	62.50	375.
1836 Original					PROOF ONLY		6500.
1836 Restrike Rev. Of 1840-1857					PROOF ONLY		6500.

HALF CENTS

BRAIDED HAIR TYPE
1840-1857

DIAMETER—23mm
WEIGHT—5.44 Grams
COMPOSITION—Copper
DESIGNER—Christian Gobrecht
EDGE—Plain

DATE	MINTAGE		Prf-60
1840 Original		PROOF ONLY	4000.
1840 Restrike		PROOF ONLY	3400.
1841 Original		PROOF ONLY	4000.
1841 Restrike		PROOF ONLY	3200.
1842 Original		PROOF ONLY	4000.
1842 Restrike		PROOF ONLY	3400.
1843 Original		PROOF ONLY	4000.
1843 Restrike		PROOF ONLY	3400.
1844 Original		PROOF ONLY	4000.
1844 Restrike		PROOF ONLY	3400.
1845 Original		PROOF ONLY	4000.
1845 Restrike		PROOF ONLY	3400.
1846 Original		PROOF ONLY	4000.
1846 Restrike		PROOF ONLY	3400.
1847 Original		PROOF ONLY	4000.
1847 Restrike		PROOF ONLY	3400.
1848 Original		PROOF ONLY	4000.
1848 Restrike		PROOF ONLY	3400.
1849 Original Small Date		PROOF ONLY	4000.
1849 Restrike Small Date		PROOF ONLY	3400.

DATE	MINTAGE	G-4	VG-8	F-12	VF-20	EF-40	MS-60
1849 Large Date	39,864	37.50	40.00	45.00	57.50	80.00	425.
1850	39,812	35.00	37.50	42.50	55.00	75.00	450.
1851	147,672	31.00	35.00	40.00	50.00	67.50	175.
1852						PROOF ONLY	4200.
1853	129,694	31.00	35.00	40.00	50.00	67.50	175.
1854	55,358	31.00	35.00	40.00	50.00	70.00	175.
1855	56,500	31.00	35.00	40.00	50.00	70.00	175.
1856	40,430	35.00	37.50	42.50	55.00	75.00	275.
1857	35,180	45.00	47.50	52.50	62.50	85.00	300.

LARGE CENTS
1793-1857

FLOWING HAIR TYPE
1793

DIAMETER—26-27mm
WEIGHT—13.48 Grams
COMPOSITION—Copper
DESIGNER—Henry Voight
EDGE—Bars and Vine with Leaves

DATE	MINTAGE	G-4	VG-8	F-12	VF-20	EF-40	MS-60
1793 Chain AMERI	36,103	2500.	4000.	5800.	10,000.	26,000.	—
1793 Chain AMERICA	Inc. Above	2300.	3750.	5500.	9500.	24,000.	—

Aug. 1980 Auction Sale MS-65 120,000.

DIAMETER—26-28mm
WEIGHT—13.48 Grams
COMPOSITION—Copper
DESIGNER—Adam Eckfeldt
EDGE—Vine and Bars or Lettered
ONE HUNDRED FOR A DOLLAR

DATE	MINTAGE	G-4	VG-8	F-12	VF-20	EF-40	MS-60
1793 Wreath	63,353	1000.	1300.	2000.	3500.	7250.	—

LIBERTY CAP TYPE
1793-1796

DIAMETER—29mm
WEIGHT—1793-1795 —13.48 Grams
　　　　1795-1798 —10.89 Grams
COMPOSITION—Copper
DESIGNER—1793-1795 Joseph Wright
　　　　1795-1798 John S. Gardner
EDGE—1793-1795 ONE HUNDRED FOR A DOLLAR
　　　1795-1798 Plain

DATE	MINTAGE	G-4	VG-8	F-12	VF-20	EF-40	MS-60
1793 Liberty Cap	11,056	2500.	3250.	4500.	6000.	—	—
1794	918,521	160.	240.	425.	800.	1400.	—
1794 Head Of 1793	Inc. Above	325.	500.	1100.	2000.	—	—
1795	501,500	160.	250.	425.	700.	1375.	—
1795 Lettered Edge	37,000	185.	275.	450.	725.	1375.	—
1796 Liberty Cap	109,825	175.	265.	425.	850.	1600.	—

LARGE CENTS

DRAPED BUST TYPE
1795-1807

DIAMETER—29mm
WEIGHT—10.89 Grams
COMPOSITION—Copper
DESIGNER—Robert Scot
EDGE—Plain

DATE	MINTAGE	G-4	VG-8	F-12	VF-20	EF-40	MS-60
1796	363,375	70.00	110.	160.	325.	750.	—
1797	897,510	37.50	60.00	125.	325.	750.	—
1797 Stemless	Inc. Above	70.00	125.	200.	1500.	2250.	—
1798	979,700	35.00	50.00	120.	325.	675.	—
1798/97	Inc. Above	65.00	110.	180.	450.	800.	—
1799	904,585	950.	1750.	4000.	6000.	—	—
1800	2,822,175	30.00	45.00	100.	300.	650.	3500.
1801	1,362,837	30.00	45.00	100.	300.	650.	3500.
1801 3 Errors Rev.	Inc. Above	30.00	50.00	135.	300.	675.	—
1802	3,435,100	22.50	35.00	95.00	275.	650.	3400.
1803	2,471,353	22.50	35.00	95.00	275.	650.	3400.
1804	756,838	625.	1000.	1750.	3400.	5000.	—
1805	941,116	27.50	40.00	100.	300.	650.	3400.
1806	348,000	40.00	65.00	100.	275.	750.	—
1807	727,221	30.00	45.00	110.	300.	650.	3400.

CLASSIC HEAD TYPE
1808-1814

DIAMETER—29mm
WEIGHT—10.89 Grams
COMPOSITION—Copper
DESIGNER—John Reich
EDGE—Plain

DATE	MINTAGE	G-4	VG-8	F-12	VF-20	EF-40	MS-60
1808	1,109,000	2.50	55.00	175.	500.	975.	3200.
1809	222,867	80.00	150.	225.	650.	1500.	—
1810	1,458,500	30.00	42.00	170.	500.	975.	3200.
1811	218,025	65.00	100.	260.	625.	1100.	—
1812	1,075,500	30.00	50.00	175.	525.	1050.	3200.
1813	418,000	45.00	75.00	200.	600.	1200.	—
1814	357,830	30.00	50.00	170.	550.	1050.	3200.

CORONET HEAD TYPE
1816-1839

DIAMETER—28-29mm
WEIGHT—10.89 Grams
COMPOSITION—Copper
DESIGNER—Robert Scot
EDGE—Plain

DATE	MINTAGE	G-4	VG-8	F-12	VF-20	EF-40	MS-60
1816	2,820,982	12.00	17.50	22.50	50.00	125.	300.
1817	3,948,400	11.00	12.50	15.00	40.00	100.	275.
1817 15 Stars	Inc. Above	12.00	20.00	30.00	65.00	160.	450.
1818	3,167,000	10.00	12.50	15.00	40.00	100.	325.
1819	2,671,000	11.00	12.50	15.00	40.00	100.	275.
1820	4,407,550	11.00	12.50	15.00	40.00	100.	275.
1821	389,000	17.50	30.00	45.00	100.	250.	—
1822	2,072,339	11.00	15.00	20.00	47.50	140.	400.
1823	Inc. 1824	35.00	55.00	90.00	225.	650.	—
1823/22	Inc. 1824	27.50	42.50	65.00	170.	340.	1900.
1824	1,262,000	11.00	15.00	22.50	52.50	80.00	1100.
1824/22	Inc. Above	20.00	35.00	55.00	110.	265.	1650.
1825	1,461,100	10.00	14.00	18.00	55.00	145.	375.
1826	1,517,425	11.00	14.00	18.00	47.50	130.	325.
1826/25	Inc. Above	17.50	30.00	60.00	115.	250.	550.
1827	2,357,732	10.00	12.50	15.00	42.50	110.	325.
1828	2,260,624	11.00	14.00	20.00	47.50	110.	325.
1829	1,414,500	10.00	12.50	16.00	42.50	115.	375.
1830	1,711,500	10.00	12.50	15.00	37.50	105.	325.
1831	3,359,260	7.50	9.00	12.00	32.50	95.00	340.
1832	2,362,000	7.50	9.00	12.00	37.50	95.00	340.
1833	2,739,000	7.50	9.00	12.00	32.50	95.00	325.
1834	1,855,100	7.50	9.00	12.00	37.50	95.00	315.
1835	3,878,400	7.50	9.00	12.00	37.50	95.00	300.
1836	2,111,000	7.50	9.00	12.00	37.50	90.00	300.
1837	5,558,300	7.50	9.00	12.00	30.00	85.00	275.
1838	6,370,200	7.50	9.00	12.00	30.00	80.00	275.
1839	3,128,661	7.50	9.00	12.00	40.00	95.00	375.
1839/36	Inc. Above	125.	200.	300.	600.	1200.	—

BRAIDED HAIR TYPE
1840-1857

DIAMETER—27.5mm
WEIGHT—10.89 Grams
COMPOSITION—Copper
DESIGNER—Christian Gobrecht
EDGE—Plain

DATE	MINTAGE	G-4	VG-8	F-12	VF-20	EF-40	MS-60
1840 Small Date	2,462,700	9.00	10.00	12.00	20.00	57.50	250.
1840 Large Date	Inc. Above	9.00	10.00	12.00	20.00	57.50	250.
1841	1,597,367	9.00	11.00	13.00	22.50	67.50	300.
1842 Small Date	2,383,390	9.00	10.00	12.00	20.00	55.00	250.
1842 Large Date	Inc. Above	9.00	10.00	12.00	20.00	55.00	250.
1843	2,425,342	10.00	12.00	16.00	25.00	65.00	225.
1843 Head Of 1840, Large Letters Rev	Inc. Above	10.00	20.00	40.00	50.00	80.00	375.
1844	2,398,752	9.00	9.50	11.00	17.50	50.00	175.
1844/81	Inc. Above	12.00	20.00	30.00	60.00	125.	425.
1845	3,894,804	6.50	7.50	10.00	15.00	40.00	175.
1846	4,120,800	6.50	7.50	10.00	10.00	15.00	175.
1847	6,183,669	6.50	7.50	10.00	15.00	42.50	175.
1848	6,415,799	6.50	7.50	10.00	15.00	42.50	175.
1849	4,178,500	6.50	7.50	10.00	17.00	42.50	175.
1850	4,426,844	6.50	7.50	10.00	15.00	45.00	175.
1851	9,889,707	6.50	7.50	10.00	15.00	42.50	175.
1851/81	Inc. Above	10.00	12.50	17.50	35.00	90.00	375.
1852	5,063,094	6.50	7.50	10.00	15.00	42.50	175.
1853	6,641,131	6.50	7.50	10.00	15.00	42.50	175.
1854	4,236,156	6.50	7.50	10.00	15.00	42.50	175.
1855 Upright 5's	1,574,829	6.50	7.50	10.00	15.00	42.50	175.
1855 Slanting 5's	Inc. Above	6.50	7.50	10.00	15.00	42.50	175.
1856 Upright 5's	2,690,463	6.50	7.50	10.00	15.00	42.50	175.
1856 Slanting 5's	Inc. Above	6.50	7.50	10.00	15.00	42.50	175.
1857 Large Date	333,456	22.50	27.50	35.00	47.50	65.00	300.
1857 Small Date	Inc. Above	25.00	30.00	40.00	55.00	70.00	325.

SMALL CENTS 27

SMALL CENTS
1856- DATE
FLYING EAGLE TYPE
1856-1858

DIAMETER—19mm
WEIGHT—4.67 Grams
COMPOSITION—.880 Copper .120 Nickel
DESIGNER— James B. Longacre
EDGE—Plain

DATE	MINTAGE	G-4	VG-8	F-12	VF-20	EF-40	AU-50	MS-60	MS-65	Prf-65
1856	Est. 1000	2750.	3000.	3250.	3600.	4000.	4500.	5000.	15,500.	21,000.
1857	17,450,000	9.00	10.00	12.00	25.00	75.00	150.	250.	3250.	14,500.
1858 Large Letters	24,600,000	9.00	10.00	13.50	27.50	75.00	150.	250.	3750.	14,500.
1858 Small Letters	Inc. Above	9.00	10.00	13.50	27.50	75.00	150.	250.	3750.	14,500.

INDIAN HEAD TYPE
1859-1909

1859

DIAMETER—19mm
WEIGHT—1859-1864 4.67 Grams
   1864-1909 3.11 Grams
COMPOSITION —1850-1864 .880 Copper
  .120 Nickel
  .1864-1909 .950 Coppe
  .050 Tin and Zinc
DESIGNER—James B. Longacre
EDGE—Plain

1860-1909

COPPER-NICKEL

DATE	MINTAGE	G-4	VG-8	F-12	VF-20	EF-40	AU-50	MS-60	MS-65	Prf-65
1859	36,400,000	5.25	6.50	10.00	22.00	57.50	130.	200.	2250.	5500.
1860	20,566,000	3.75	5.00	8.00	14.00	25.00	42.50	140.	900.	1750.
1861	10,100,000	8.50	11.00	18.00	25.00	45.00	75.00	210.	875.	1750.
1862	28,075,000	3.25	4.00	6.50	9.50	21.00	40.00	100.	825.	1750.
1863	49,840,000	3.00	4.00	5.50	8.50	19.50	35.00	100.	825.	1750.
1864	13,740,000	7.50	8.50	13.50	20.00	35.00	50.00	140.	900.	1750.

BRONZE

DATE	MINTAGE	G-4	VG-8	F-12	VF-20	EF-40	AU-50	MS-60	MS-65	Prf-65
1864	39,233,714	3.25	4.75	8.25	17.00	27.50	33.00	95.00	375.	2750.
1864 L	Inc. Above	25.00	30.00	52.50	85.00	125.	200.	340.	900.	14,500.
1865	35,429,286	3.00	3.50	7.00	18.00	27.50	50.00	80.00	400.	650.
1866	9,826,500	20.00	24.00	32.50	52.50	85.00	115.	175.	540.	750.
1867	9,821,000	20.00	24.00	32.50	52.50	85.00	115.	175.	580.	875.
1868	10,266,500	20.00	24.00	32.50	52.50	85.00	115.	175.	450.	625.
1869/8	6,420,000	70.00	95.00	210.	300.	475.	675.	1000.	3500.	—
1869	Inc. Above	27.50	35.00	60.00	100.	150.	190.	400.	650.	875.

SMALL CENTS

DATE	MINTAGE	G-4	VG-8	F-12	VF-20	EF-40	AU-50	MS-60	MS-65	Prf-65
1870	5,275,000	21.00	30.00	52.50	75.00	120.	150.	285.	725.	1000.
1871	3,929,500	29.00	37.00	60.00	80.00	110.	150.	325.	775.	1100.
1872	4,042,000	40.00	50.00	80.00	115.	160.	225.	400.	875.	1500.
1873	11,676,500	7.25	9.00	18.00	28.00	45.00	65.00	175.	380.	580.
1874	14,187,500	7.25	9.00	16.00	27.00	42.00	60.00	175.	400.	500.
1875	13,528,000	7.25	9.00	16.00	28.00	42.00	65.00	175.	440.	600.
1876	7,944,000	11.00	14.50	24.00	34.00	55.00	75.00	200.	550.	625.
1877	852,500	300.	350.	500.	600.	750.	950.	1700.	4700.	4000.
1878	5,799,850	11.00	14.50	27.50	45.00	60.00	80.00	215.	475.	475.
1879	16,231,200	3.50	4.50	8.50	14.00	22.00	27.00	85.00	325.	475.
1880	38,964,955	1.35	2.25	4.50	6.25	17.00	22.00	80.00	275.	475.
1881	39,211,575	1.35	2.25	3.75	6.25	17.00	22.00	80.00	250.	450.
1882	38,581,100	1.35	2.25	3.75	6.25	17.00	22.00	80.00	250.	450.
1883	45,589,109	1.35	2.25	3.75	6.25	17.00	22.00	80.00	250.	450.
1884	23,261,742	2.25	3.25	7.00	12.00	20.00	33.00	85.00	290.	450.
1885	11,765,384	3.50	6.50	10.00	20.00	33.00	45.00	95.00	325.	475.
1886	17,654,290	2.50	3.50	7.00	12.00	27.50	40.00	85.00	400.	475.
1887	45,226,483	1.15	1.35	2.75	3.75	12.00	18.00	75.00	200.	450.
1888	37,494,414	1.15	1.35	2.75	3.75	12.00	18.00	75.00	200.	475.
1889	48,869,361	1.15	1.35	2.75	3.75	12.00	16.00	40.00	200.	450.
1890	57,182,854	.90	1.35	2.50	3.50	12.00	16.00	40.00	200.	500.
1891	47,072,350	.90	1.35	2.50	3.50	12.00	16.00	40.00	200.	450.
1892	37,649,832	.90	1.35	2.50	3.50	12.00	16.00	40.00	200.	525.
1893	46,642,195	.90	1.35	2.50	3.50	12.00	16.00	40.00	200.	650.
1894	16,752,132	2.00	4.50	8.00	12.00	22.00	30.00	75.00	400.	600.
1895	38,343,636	.90	1.15	2.00	4.00	8.00	16.00	40.00	170.	525.
1896	39,057,293	.90	1.15	2.00	4.00	8.00	16.00	40.00	170.	550.
1897	50,466,330	.90	1.15	1.75	3.25	8.00	16.00	40.00	170.	450.
1898	49,823,079	.90	1.15	1.75	3.25	8.00	16.00	40.00	170.	450.
1899	53,600,031	.90	1.15	1.75	3.25	8.00	16.00	40.00	170.	450.
1900	66,833,764	.60	.70	1.00	1.50	7.50	14.00	25.00	170.	425.
1901	79,611,143	.60	.70	1.00	1.50	7.50	14.00	25.00	170.	425.
1902	87,376,722	.60	.70	1.00	1.50	7.50	14.00	25.00	170.	425.
1903	85,094,493	.60	.70	1.00	1.50	7.50	14.00	25.00	170.	450.
1904	61,328,015	.60	.70	1.00	1.50	7.50	14.00	25.00	170.	425.
1905	80,719,163	.60	.70	1.00	1.50	7.50	14.00	25.00	170.	450.
1906	96,022,255	.60	.70	1.00	1.50	7.50	14.00	25.00	170.	425.
1907	108,138,618	.60	.70	1.00	1.50	7.50	14.00	25.00	170.	450.
1908	32,327,987	.60	.70	1.00	1.50	7.50	14.00	25.00	170.	425.
1908 S	1,115,000	22.50	24.00	25.00	30.00	40.00	100.	140.	450.	—
1909	14,370,645	1.25	1.75	2.25	3.50	9.00	17.00	65.00	170.	475.
1909 S	309,000	125.	165.	180.	200.	250.	300.	400.	675.	—

SMALL CENTS 29

LINCOLN TYPE, WHEAT EARS REVERSE
1909-1958

DIAMETER—19mm
WEIGHT—3.11 Grams
  1943 2.70 Grams
COMPOSITION—1909-1942, 1947-1958 .950 Copper,
  .050 Tin and Zinc
  1943 Zinc Coated Steel, 1944-1946 .950 Copper, .050 Zinc
DESIGNER—Victor D. Brenner
EDGE—Plain

DATE	MINTAGE	G-4	VG-8	F-12	VF-20	EF-40	AU-50	MS-60	MS-65	Prf-65
1909 VDB	27,995,000	1.65	2.00	2.25	2.50	3.25	5.50	15.00	70.00	3000.
1909 S VDB	484,000	240.	260.	325.	375.	400.	450.	525.	1800.	—
1909	72,702,618	.35	.45	.55	.65	1.35	5.00	20.00	90.00	650.
1909 S	1,825,000	40.00	42.50	45.00	47.50	60.00	80.00	160.	400.	—
1910	146,801,218	.15	.25	.35	.55	1.65	4.25	16.00	100.	600.
1910 S	6,045,000	5.75	6.50	8.00	10.00	14.00	32.50	90.00	375.	—
1911	101,177,787	.15	.35	.65	1.35	2.25	7.50	20.00	175.	600.
1911 D	12,672,000	2.75	3.75	5.00	10.00	19.00	40.00	115.	675.	—
1911 S	4,026,000	9.50	10.50	12.00	15.00	24.00	48.00	135.	975.	—
1912	68,153,060	.25	.50	1.75	4.00	6.50	14.00	25.00	175.	600.
1912 D	10,411,000	2.75	3.25	4.75	11.00	22.00	42.50	125.	900.	—
1912 S	4,431,000	8.50	9.50	10.50	14.00	18.00	42.50	125.	1350.	—
1913	76,532,352	.15	.35	1.35	2.25	6.00	7.50	25.00	185.	600.
1913 D	15,804,000	1.50	1.75	4.00	8.00	19.00	40.00	85.00	900.	—
1913 S	6,101,000	6.00	6.50	7.00	8.00	17.00	38.00	115.	1750.	—
1914	75,238,432	.25	.40	1.35	3.25	5.00	15.00	55.00	300.	600.
1914 D	1,193,000	90.00	95.00	115.	165.	300.	500.	850.	4000.	—
1914 S	4,137,000	6.50	7.00	8.00	10.00	22.00	70.00	180.	3400.	—
1915	29,092,120	.55	1.10	4.50	10.00	27.00	37.50	100.	365.	600.
1915 D	22,050,000	.55	.85	1.15	5.50	12.50	24.00	45.00	440.	—
1915 S	4,833,000	5.50	6.00	6.50	8.50	18.00	42.50	100.	1350.	—
1916	131,833,677	.15	.20	.40	.80	3.25	6.25	10.00	130.	700.
1916 D	35,956,000	.30	.50	1.00	1.65	6.00	26.00	52.00	750.	—
1916 S	22,510,000	.60	.75	1.25	1.65	6.00	24.00	60.00	1250.	—
1917	196,429,785	.15	.25	.35	.65	2.25	5.50	11.00	110.	—
1917 D	55,120,000	.25	.50	.70	3.00	4.75	24.00	50.00	600.	—
1917 S	32,620,000	.25	.50	.70	2.75	4.25	28.00	62.00	1500.	—
1918	288,104,624	.15	.25	.40	.65	2.25	5.50	11.00	130.	—
1918 D	47,830,000	.25	.50	.65	2.50	5.50	26.00	52.00	800.	—
1918 S	34,680,000	.25	.50	.65	2.50	5.50	23.00	60.00	1725.	—
1919	392,021,000	.15	.25	.35	.60	2.00	5.25	9.00	100.	—
1919 D	57,154,000	.20	.35	.70	3.00	5.50	16.50	47.50	500.	—
1919 S	139,760,000	.20	.35	.45	.85	2.25	14.50	30.00	750.	—
1920	310,165,000	.15	.20	.35	.55	2.00	5.50	10.00	110.	—
1920 D	49,280,000	.15	.25	.60	1.50	4.50	23.50	52.00	500.	—
1920 S	46,220,000	.15	.25	.55	1.50	4.50	16.50	60.00	1350.	—
1921	39,157,000	.20	.30	.55	1.20	4.75	13.50	40.00	250.	—
1922 D	7,160,000	4.25	4.75	6.00	8.00	13.50	32.50	85.00	360.	—
1922	Inc. Above	165.	200.	250.	375.	1450.	2750.	4000.	17,500.	—
1921 S	15,274,000	.65	.80	1.15	2.50	10.00	80.00	130.	2500.	—
1923	74,723,000	.15	.20	.35	.65	2.25	4.50	10.00	115.	—

SMALL CENTS

DATE	MINTAGE	G-4	VG-8	F-12	VF-20	EF-40	AU-50	MS-60	MS-65	Prf-65
1923 S	8,700,000	1.75	2.00	2.50	4.50	11.50	85.00	190.	2500.	—
1924	75,178,000	.15	.25	.40	.65	3.75	11.50	24.00	130.	—
1924 D	2,520,000	8.50	9.50	12.00	14.00	38.00	105.	240.	2150.	—
1924 S	11,696,000	.55	.80	1.15	2.50	7.00	42.50	115.	2400.	—
1925	139,949,000	.15	.20	.35	.65	2.75	4.25	9.00	85.00	—
1925 D	22,580,000	.25	.40	.60	1.25	4.50	15.00	48.00	775.	—
1925 S	26,380,000	.15	.25	.45	1.15	3.25	15.00	62.00	2250.	—
1926	157,088,000	.15	.20	.40	.60	2.25	4.50	7.50	50.00	—
1926 D	28,020,000	.20	.25	.50	.90	3.25	24.50	47.00	1100.	—
1926 S	4,550,000	3.00	3.50	5.00	6.50	10.50	65.00	100.	3000.	—
1927	144,440,000	.15	.20	.30	.45	2.25	4.50	7.50	95.00	—
1927 D	27,170,000	.15	.20	.30	.45	2.75	14.50	30.00	925.	—
1927 S	14,276,000	.25	.40	.55	1.85	4.25	27.00	65.00	1250.	—
1928	134,116,000	.15	.20	.35	.45	1.65	4.50	7.50	67.00	—
1928 D	31,170,000	.20	.25	.35	.65	1.65	13.00	20.00	335.	—
1928 S	17,266,000	.25	.30	.40	.70	2.25	21.00	48.00	1225.	—
1929	185,262,000	.15	.20	.30	.45	1.35	3.75	6.00	70.00	—
1929 D	41,730,000	.15	.20	.30	.45	1.35	6.50	17.00	145.	—
1929 S	50,148,000	.15	.20	.30	.45	1.35	5.00	8.00	130.	—
1930	157,415,000	.10	.15	.20	.35	1.15	3.25	4.50	36.00	—
1930 D	40,100,000	.10	.15	.20	.45	1.15	5.50	12.50	95.00	—
1930 S	24,266,000	.10	.15	.20	.45	1.15	3.75	7.50	60.00	—
1931	19,396,000	.20	.25	.35	.45	1.75	7.50	17.00	170.	—
1931 D	4,480,000	2.50	2.75	3.00	4.00	5.25	29.00	52.00	270.	—
1931 S	866,000	30.00	32.50	35.00	40.00	42.50	55.00	75.00	165.	—
1932	9,062,000	1.35	1.65	1.95	2.25	3.00	8.00	18.00	58.00	—
1932 D	10,500,000	.70	.80	1.35	2.25	2.75	8.00	15.00	65.00	—
1933	14,360,000	.55	.65	.75	1.00	2.25	8.00	17.00	65.00	—
1933 D	6,200,000	2.00	2.15	2.45	3.00	4.50	8.00	25.00	72.00	—
1934	219,080,000	.10	.15	.20	.35	.55	.80	4.50	15.00	—
1934 D	28,446,000	.15	.20	.25	.35	1.15	7.50	34.00	58.00	—
1935	245,338,000	—	.10	.15	.20	.25	.55	2.40	8.00	—
1935 D	47,000,000	.15	.20	.25	.30	.50	1.35	4.50	16.00	—
1935 S	38,702,000	.15	.20	.25	.30	.50	2.75	10.00	58.00	—
1936	309,637,569	—	.10	.15	.20	.25	.55	1.50	3.00	725.
1936 D	40,620,000	.15	.20	.25	.30	.35	.55	2.00	5.50	—
1936 S	29,130,000	.15	.20	.25	.30	.35	.80	2.25	5.50	—
1937	309,179,320	—	—	.10	.15	.20	.50	1.75	4.75	300.
1937 D	50,430,000	—	.10	.15	.20	.25	.60	1.75	4.50	—
1937 S	34,500,000	—	.10	.15	.20	.25	.80	1.60	3.50	—
1938	156,696,734	—	—	—	.10	.15	.40	1.50	3.00	200.
1938 D	20,010,000	.15	.20	.25	.30	.55	.80	2.00	6.00	—
1938 S	15,180,000	.20	.30	.40	.50	.65	1.10	2.65	5.50	—
1939	316,479,520	—	—	—	.10	.15	.35	1.10	2.00	190.
1939 D	15,160,000	.30	.40	.55	.65	.80	1.90	4.00	9.00	—
1939 S	52,070,000	—	.10	.15	.20	.25	.95	1.90	3.75	—
1940	586,825,872	—	—	—	.10	.15	.35	1.15	3.25	170.
1940 D	81,390,000	—	—	—	.10	.15	.40	1.40	3.25	—
1940 S	112,940,000	—	—	—	.10	.15	.30	1.00	2.25	—
1941	887,039,100	—	—	—	.10	.15	.30	.85	2.25	170.
1941 D	128,700,000	—	—	—	.10	.15	1.10	2.75	5.00	—

SMALL CENTS

DATE	MINTAGE	G-4	VG-8	F-12	VF-20	EF-40	AU-50	MS-60	MS-65	Prf-65
1941 S	92,360,000	—	—	—	.10	.15	1.35	3.75	11.00	—
1942	657,828,600	—	—	—	.10	.15	.25	.50	1.75	170.
1942 D	206,698,000	—	—	—	.10	.15	.25	.65	1.75	—
1942 S	85,590,000	—	—	—	.15	.25	1.65	4.25	10.00	—
1943 Steel	684,628,670	—	—	—	.15	.20	.30	.65	.80	—
1943 D Steel	217,660,000	—	—	—	.25	.30	.40	1.15	1.35	—
1943 S Steel	191,550,000					.30			2.15	—
1944	1,435,400,000					.10			.30	—
1944 D	430,578,000					.10			.30	—
1944 D D/S	Inc Above				50.00	70.00	100.	210.	225.	—
1944 S	282,760,000					.15			.40	—
1945	1,040,515,000					.10			.35	—
1945 D	226,268,000					.10			.80	—
1945 S	181,770,000					.15			.60	—
1946	991,655,000					.10			.35	—
1946 D	315,690,000					.10			.30	—
1946 S	198,100,000					.15			.65	—
1947	190,555,000					.15			.65	—
1947 D	194,750,000					.10			.35	—
1947 S	99,000,000					.15			.80	—
1948	317,570,000					.10			.55	—
1948 D	172,637,000					.10			.35	—
1948 S	81,735,000					.15	.95	—		
1949	217,775,000					.10	.80	—		
1949 D	153,132,000					.10	.65	—		
1949 S	64,290,000					.20	1.85	—		
1950	272,686,386					.10	.45	80.00		
1950 D	334,950,000					.10	.35	—		
1950 S	118,505,000					.15	.55	—		
1951	295,633,500					.10	1.75	50.00		
1951 D	625,355,000					.10	.25	—		
1951 S	136,010,000					.15	.95	—		
1952	186,856,980					.10	.55	35.00		
1952 D	746,130,000					.10	.25	—		
1952 S	137,800,004					.15	.70	—		
1953	256,883,800					.10	.25	20.00		
1953 D	700,515,000					.10	.25	—		
1953 S	181,835,000					.20	.40	—		
1954	71,873,350					.20	.35	7.00		
1954 D	251,552,500					.10	.25	—		
1954 S	95,190,000					.15	.30	—		
1955 Double Die	Inc. Below					375.	400.	500.	700.	3250.	—
1955	330,958,000						.10			.25	6.00
1955 D	563,257,500						.10			.25	—
1955 S	44,610,000						.40			.55	—
1956	421,414,384									.15	2.50
1956 D	1,098,201,000						—			.15	—
1957	283,787,952						—			.15	1.75
1957 D	1,051,342,000						—			.15	—
1958	253,400,652						—			.15	2.00
1958 D	800,953,300						—			.15	—

SMALL CENTS

**LINCOLN TYPE
MEMORIAL REVERSE**
1959 TO DATE

DIAMETER—19mm
WEIGHT—1959-1982 3.11 Grams
  1983-Date 2.5 Grams
COMPOSITION— 1959-1962 .950 Copper
  .050 Tin and Zinc,
  1962-1982 .950 Copper, .050 Zinc
  1982-Date .976 Zinc, .024 Copper
DESIGNER—Obv. V.D. Brenner
  Rev., Frank Gasparro
EDGE—Plain

DATE	MINTAGE	MS-60	MS-65	Prf-65
1959	610,864,291		.15	1.25
1959 D	1,279,760,000		.15	—
1960 Large Date	588,096,602		.10	1.25
1960 Small Date	Inc. Above		4.00	15.00
1960 D Large Date	1,580,884,000		.15	—
1960 D Small Date	Inc. Above		.25	—
1961	756,373,244		.10	.75
1961 D	1,753,266,700		.10	—
1962	609,263,019		.10	.75
1962 D	1,793,148,400		.10	—
1963	757,185,645		.10	.75
1963 D	1,774,020,400		.10	—
1964	2,652,525,762		.10	.75
1964 D	3,799,071,500		.10	—
1965	1,497,224,900		.15	—
1966	2,188,147,783		.15	—
1967	3,048,667,100		.15	—
1968	1,707,880,970		.15	—
1968 D	2,886,269,600		.15	—
1968 S	261,311,510		.15	.75
1969	1,136,910,000		.25	—
1969 D	4,002,832,200		.15	—
1969 S	547,309,631		.15	.75
1970	1,898,315,000		.15	—
1970 D	2,891,438,900		.15	—
1970 S	693,192,814		.15	.90
1970 S Small Date	Inc. Above	10.00	12.00	150.
1971	1,919,490,000		.15	—
1971 D	2,911,045,600		.15	—
1971 S	528,354,192		.15	.75
1972	2,933,255,000		.15	—
1972 Double Die	Inc. Above	300.	400.	—
1972 D	2,665,071,400		.15	—
1972 S	380,200,104		.15	.75
1973	3,728,245,000		.10	—
1973 D	3,549,576,588		.10	—
1973 S	319,937,634		.15	.75
1974	4,232,140,523		.10	—
1974 D	4,235,098,000		.10	—
1974 S	412,039,228		.15	.85
1975	5,451,476,142		.10	—
1975 D	4,505,245,300		.10	—
1975 S	PROOF ONLY		—	5.00
1976	4,674,292,426		.10	—
1976 D	4,221,592,455		.10	—
1976 S	PROOF ONLY		—	2.50
1977	4,469,930,000		.10	—
1977 D	4,149,062,300		.10	—
1977 S	PROOF ONLY		—	2.50

SMALL CENTS

DATE	MINTAGE	MS-60	MS-65	Prf-65
1978	5,558,605,000		.10	—
1978 D	4,280,233,400		.10	—
1978 S	PROOF ONLY		—	3.00
1979	6,018,515,000		.10	—
1979 D	4,280,233,400		.10	—
1979 S	PROOF ONLY		—	3.00
1980	7,414,705,000		.10	—
1980 D	5,140,098,660		.10	—
1980 S	PROOF ONLY		—	1.75
1981	7,491,750,000		.10	—
1981 D	5,373,235,677		.10	—
1981 S	PROOF ONLY		—	2.00
1982	9,125,280,000		.10	—
1982 D	6,012,979,368		.10	—
1982 S	PROOF ONLY		—	3.00
1983	7,752,355,000		.10	—
1983	6,467,199,428		.10	—
1983 S	PROOF ONLY		—	4.50
1984	8,151,079,000		.10	—
1984 D	5,569,238,906		.10	—
1984 S	PROOF ONLY		—	9.50
1985	5,648,489,887		.10	—
1985 D	5,287,399,926		.10	—
1985 S	PROOF ONLY		—	7.50
1986	4,491,395,493		.10	—
1986 D	4,442,866,698		.10	—
1986 S	PROOF ONLY		—	7.50
1987	4,682,466,931		.10	—
1987 D	4,879,389,514		.10	—
1987 S	PROOF ONLY		—	7.50
1988	6,092,810,000		.10	—
1988 D	5,253,740,443		.10	—
1988 S	PROOF ONLY		—	7.50
1989	7,261,535,000		.10	—
1989 D	5,345,467,111		.10	—
1989 S	PROOF ONLY		—	7.50
1990	—		.10	—
1990 D	—		.10	—
1990 S	PROOF ONLY		—	7.50
1991	—		.10	—
1991 D	—		.10	—
1991 S	PROOF ONLY		—	7.50
1992	—		.10	—
1992 D	—		.10	—
1992 S	PROOF ONLY		—	7.50

TWO CENT PIECES
1864-1873

DIAMETER—23mm
WEIGHT—6.22 Grams
COMPOSITION—.950 Copper .050 Tin and Zinc
DESIGNER—James B. Longacre
EDGE—Plain

DATE	MINTAGE	G-4	VG-8	F-12	VF-20	EF-40	AU-50	MS-60	MS-65	Prf-65
1864 Small Motto	19,847,500	50.00	75.00	100.	150.	260.	325.	575.	3000.	15,000.
1864 Large Motto	Inc. Above	5.50	6.50	8.00	14.00	30.00	60.00	80.00	425.	3000.
1865	13,640,000	4.50	5.00	7.00	14.00	30.00	60.00	80.00	425.	1200.
1866	3,177,000	5.00	5.50	8.00	14.00	32.50	70.00	80.00	525.	1200.
1867	2,938,750	5.00	5.50	7.00	14.00	32.50	70.00	110.	500.	1200.
1868	2,803,750	5.25	6.00	7.00	14.00	32.50	80.00	165.	475.	1200.
1869	1,546,500	6.00	7.00	9.50	16.00	37.50	90.00	165.	500.	1200.
1870	861,250	7.00	8.50	18.50	30.00	50.00	115.	225.	650.	1200.
1871	721,250	8.50	12.00	18.50	32.50	55.00	150.	275.	825.	1200.
1872	65,000	80.00	110.00	165.	265.	375.	500.	750.	2800.	1600.
1873	Est. 1,100						PROOF ONLY			3250.

THREE CENT PIECES (SILVER)
1851-1873

VARIETY ONE - NO OUTLINES TO STAR
1851-1853

DIAMETER—14mm
WEIGHT—.80 Grams
COMPOSITION—.750 Silver
.250 Copper
DESIGNER— James B. Longacre
EDGE—Plain

DATE	MINTAGE	G-4	VG-8	F-12	VF-20	EF-40	AU-50	MS-60	MS-65	Prf-65
1851	5,477,400	12.00	15.00	17.50	30.00	50.00	120.	160.	1800.	—
1851 O	720,000	17.00	22.50	32.50	65.00	120.	240.	400.	4400.	—
1852	18,663,500	9.50	11.00	14.00	30.00	60.00	120.	180.	1800.	—
1853	11,400,000	9.50	11.00	14.00	30.00	60.00	120.	160.	1800.	—

THREE CENTS SILVER

VARIETY TWO - THREE OUTLINES TO STAR
1854-1858

DIAMETER—14mm
WEIGHT—.75 Gram
COMPOSITION—.900 Silver,
 100 Copper
DESIGNER— James B. Longacre
EDGE—Plain

DATE	MINTAGE	G-4	VG-8	F-12	VF-20	EF-40	AU-50	MS-60	MS-65	Prf-65
1854	671,000	11.50	16.00	22.50	42.50	115.	220.	325.	8000.	—
1855	139,000	17.00	27.50	45.00	85.00	175.	450.	450.	15,000.	26,000.
1856	1,458,000	11.00	15.00	22.50	42.50	90.00	220.	275.	8750.	26,000.
1857	1,042,000	11.00	15.00	22.50	42.50	90.00	220.	325.	8000.	11,000.
1858	1,604,000	11.00	15.00	22.50	42.50	90.00	220.	275.	8000.	11,000.

VARIETY THREE - TWO OUTLINES TO STAR
1859-1873

DIAMETER—14mm
WEIGHT—.75 Gram
COMPOSITION—.900 Silver,
 100 Copper
DESIGNER— James B. Longacre
EDGE—Plain

DATE	MINTAGE	G-4	VG-8	F-12	VF-20	EF-40	AU-50	MS-60	MS-65	Prf-65
1859	365,000	14.00	17.50	22.50	32.50	70.00	125.	150.	1400.	3000.
1860	287,000	14.00	17.50	22.50	32.50	70.00	125.	150.	1400.	3000.
1861	498,000	14.00	17.50	22.50	32.50	70.00	125.	150.	1400.	2600.
1862	343,550	14.00	17.50	22.50	32.50	70.00	125.	150.	1400.	2800.
1863	21,460	—	—	—	—	600.	700.	950.	3000.	2700.
1864	12,470	—	—	—	—	490.	550.	700.	2750.	2700.
1865	8,500	—	—	—	—	500.	550.	725.	3250.	2700.
1866	22,725	—	—	—	—	400.	480.	700.	2900.	2700.
1867	4,625	—	—	—	—	525.	620.	750.	5200.	2700.
1868	4,100	—	—	—	—	525.	620.	750.	7400.	2700.
1869	5,100	—	—	—	—	525.	620.	750.	5400.	2700.
1870	4,000	—	—	—	—	525.	620.	750.	6600.	2700.
1871	4,360	—	—	—	—	525.	620.	750.	2700.	2700.
1872	1,950	—	—	—	—	650.	775.	950.	6600.	2700.
1873	600					PROOF ONLY				2800.

THREE CENT PIECES (NICKEL)
1865-1889

DIAMETER—17.9mm
WEIGHT—1.94 Grams
COMPOSITION—.750 Copper
 .250 Nickel
DESIGNER—James B. Longacre
EDGE—Plain

DATE	MINTAGE	G-4	VG-8	F-12	VF-20	EF-40	AU-50	MS-60	MS-65	Prf-65
1865	11,382,000	5.50	6.50	7.50	10.00	20.00	37.50	80.00	1200.	1700.
1866	4,801,000	5.50	6.50	7.50	10.00	20.00	37.50	80.00	1200.	1150.
1867	3,915,000	5.50	6.50	7.50	10.00	20.00	37.50	80.00	1200.	1150.
1868	3,252,000	5.50	6.50	7.50	10.00	20.00	37.50	80.00	1200.	1150.
1869	1,604,000	6.50	7.50	8.50	11.00	20.00	37.50	90.00	1200.	1100.
1870	1,335,000	6.50	7.50	9.00	12.00	20.00	40.00	95.00	1450.	1150.
1871	604,000	6.50	7.50	9.50	12.50	20.00	50.00	100.	1450.	1100.
1872	862,000	6.50	7.50	9.50	12.50	20.00	50.00	100.	1500.	975.
1873	1,173,000	6.50	7.50	9.00	12.00	20.00	40.00	95.00	2800.	975.
1874	790,000	6.50	7.50	9.50	12.50	20.00	50.00	110.	2600.	975.
1875	228,000	7.50	10.00	14.00	19.50	27.50	90.00	170.	1400.	1175.
1876	162,000	11.00	14.00	17.00	22.50	30.00	90.00	185.	2750.	950.
1877	Est. 900				PROOF ONLY				2000.	
1878	2,350				PROOF ONLY				1200.	
1879	41,200	39.00	45.00	50.00	57.50	67.50	180.	260.	1400.	800.
1880	24,955	47.50	52.50	60.00	75.00	85.00	180.	280.	1400.	800.
1881	1,080,575	5.50	6.50	7.50	10.00	17.50	50.00	165.	1400.	800.
1882	25,300	42.50	45.00	55.00	60.00	72.50	160.	265.	1450.	825.
1883	10,609	80.00	95.00	115.	140.	165.	200.	380.	3000.	800.
1884	5,642	150.	165.	180.	200.	235.	270.	575.	3600.	800.
1885	4,790	215.	235.	255.	280.	315.	375.	750.	2000.	850.
1886	4,290				PROOF ONLY				1000.	
1887/6	7,961				PROOF ONLY				1000.	
1887	Inc. Above	175.	190.	205.	230.	260.	315.	525.	1400.	850.
1886	41,083	34.00	37.50	40.00	45.00	55.00	140.	285.	1400.	800.
1889	21,561	42.50	45.00	55.00	62.50	75.00	150.	275.	1400.	800.

HALF DIMES
1794-1873

FLOWING HAIR TYPE
1794-1795

DIAMETER—16.5mm
WEIGHT—1.35 Grams
COMPOSITION—.8924 Silver
 .1076 Copper
DESIGNER—Robert Scot
EDGE—Reeded

DATE	MINTAGE	G-4	VG-8	F-12	VF-20	EF-40	MS-60
1794	86,416	1100.	1250.	2000.	2700.	4500.	8750.
1795	Inc. Above	800.	900.	1300.	1800.	2750.	6500.

DRAPED BUST TYPE
SMALL EAGLE REVERSE
1796-1797

DIAMETER—16.5mm
WEIGHT—1.35 Grams
COMPOSITION—.8924 Silver
.1076 Copper
DESIGNER—Robert Scot
EDGE—Reeded

DATE	MINTAGE	G-4	VG-8	F-12	VF-20	EF-40	MS-60
1796	10,320	850.	950.	1250.	2100.	3200.	8000.
1796 LIKERTY	Inc. Above	850.	950.	1250.	2100.	3200.	—
1796/5	Inc. Above	1250.	1450.	1700.	2500.	3500.	9000.
1797 13 Stars	44,527	900.	1000.	1325.	2200.	3200.	12,000.
1797 15 Stars	Inc. Above	850.	950.	1250.	2100.	3200.	8000.
1797 16 Stars	Inc. Above	850.	950.	1250.	2100.	3200.	8000.

DRAPED BUST TYPE
HERALDIC EAGLE REVERSE
1800-1805

DATE	MINTAGE	G-4	VG-8	F-12	VF-20	EF-40	MS-60
1800	24,000	700.	900.	1150.	1500.	2500.	6000.
1800 LIBEKTY	Inc. Above	700.	900.	1150.	1500.	2500.	6000.
1801	33,910	700.	950.	1150.	1600.	2850.	10,000.
1802	13,010	10,000.	12,500.	24,000.	32,500.	45,000.	—
1803	37,850	650.	850.	1100.	1500.	2500.	6000.
1805	15,600	1000.	1150.	1500.	2000.	3500.	—

HALF DIMES

CAPPED BUST TYPE
1829-1837

DIAMETER—15.5mm
WEIGHT—1.35 Grams
COMPOSITION—.8924 Silver
.1076 Copper
DESIGNER—William Kneass
EDGE—Plain

DATE	MINTAGE	G-4	VG-8	F-12	VF-20	EF-40	AU-50	MS-60	MS-65
1829	1,230,000	14.00	17.50	25.00	48.00	125.	240.	325.	3600.
1830	1,240,000	14.00	17.50	25.00	48.00	125.	240.	325.	3600.
1831	1,242,700	14.00	17.50	25.00	48.00	125.	240.	325.	3600.
1832	965,000	14.00	17.50	25.00	48.00	125.	240.	325.	3600.
1833	1,370,000	14.00	17.50	25.00	48.00	125.	240.	325.	3600.
1834	1,480,000	14.00	17.50	25.00	48.00	125.	240.	325.	3600.
1835 Lg. Date, Lg. 5C	2,760,000	14.00	17.50	25.00	48.00	125.	240.	325.	3600.
1835 Lg. Date, Sm. 5C	Inc. Above	14.00	17.50	25.00	48.00	125.	240.	325.	3600.
1835 Sm. Date, Lg. 5C	Inc. Above	14.00	17.50	25.00	48.00	125.	240.	325.	3600.
1835 Sm. Date, Sm. 5C	Inc. Above	14.00	17.50	25.00	48.00	125.	240.	325.	3600.
1836 Large 5C	1,900,000	14.00	17.50	25.00	48.00	125.	240.	325.	3600.
1836 Small 5C	Inc. Above	14.00	17.50	25.00	48.00	125.	240.	325.	3600.
1837 Large 5C	2,276,000	14.00	17.50	25.00	48.00	125.	240.	325.	3600.
1837 Small 5C	Inc. Above	22.50	30.00	55.00	85.00	150.	375.	1300.	8750.

LIBERTY SEATED TYPE
1837-1873

VARIETY ONE - NO STARS ON OBVERSE
1837-1873

DIAMETER—15.5mm
WEIGHT—1.34 Grams
COMPOSITION—.900 Silver,
.100 Copper
DESIGNER—Christian Gobrecht
EDGE—Reeded

DATE	MINTAGE	G-4	VG-8	F-12	VF-20	EF-40	MS-60
1837 Sm. Date	Inc. Above	25.00	30.00	55.00	125.	250.	800.
1837 Lg. Date	Inc. Above	25.00	30.00	55.00	125.	250.	600.
1838 O	70,000	120.	165.	250.	450.	750.	4000.

VARIETY TWO - STARS ON OBVERSE
1838-1853

DIAMETER—15.5mm
WEIGHT—1.34 Grams
COMPOSITION—.900 Silver
.100 Copper
DESIGNER—Christian Gobrecht
EDGE—Reeded

HALF DIMES

DATE	MINTAGE	G-4	VG-8	F-12	VF-20	EF-40	MS-60
1838 O No Drapery	2,255,000	7.50	10.00	12.00	25.00	80.00	350.
1838 O Sm. Stars	Inc. Above	25.00	42.50	60.00	120.	250.	1250.
1839 O No Drapery	1,069,150	7.50	10.00	12.00	20.00	55.00	350.
1839 O No Drapery	1,034,039	16.00	19.00	27.50	50.00	85.00	700.
1840 O No Drapery	1,344,085	7.50	10.00	12.00	20.00	50.00	475.
1840 O No Drapery	935,000	16.00	22.50	32.50	55.00	90.00	750.
1840 O Drapery	Inc. Above	25.00	35.00	60.00	80.00	175.	1850.
1840 O Drapery	Inc. Above	35.00	55.00	90.00	125.	225.	1850.
1841	1,150,000	11.00	16.00	22.50	37.50	45.00	200.
1841 O	815,000	13.50	19.00	27.50	42.50	75.00	650.
1842	815,000	11.00	16.00	22.50	37.50	45.00	200.
1842 O	350,000	30.00	50.00	75.00	150.	400.	—
1843	1,165,000	11.00	16.00	22.50	22.50	45.00	200.
1844	430,000	11.00	16.00	22.50	37.50	65.00	200.
1844 O	220,000	75.00	100.	175.	400.	1000.	—
1845	1,564,000	11.00	16.00	22.50	37.50	47.50	200.
1846	27,000	125.	200.	300.	450.	850.	—
1847	1,274,000	11.00	16.00	22.50	37.50	45.00	200.
1848 Medium Date	668,000	11.00	16.00	22.50	37.50	65.00	200.
1848 Large Date	Inc. Above	16.00	22.50	32.50	65.00	90.00	525.
1848 O	600,000	16.00	22.50	32.50	65.00	90.00	650.
1849/8	1,309,000	20.00	27.50	32.50	50.00	75.00	525.
1849/6	Inc. Above	13.50	20.00	27.50	45.00	70.00	450.
1849	Inc. Above	11.00	16.00	22.50	37.50	50.00	625.
1849 O	140,000	27.50	37.50	70.00	265.	475.	—
1850	955,000	11.00	16.00	22.50	27.50	45.00	425.
1850 O	690,000	16.00	22.50	32.50	50.00	90.00	775.
1851	781,000	11.00	16.00	22.50	27.50	45.00	425.
1851 O	860,000	13.50	20.00	43.50	55.00	85.00	775.
1852	1,000,500	11.00	16.00	22.50	27.50	45.00	200.
1852 O	260,000	32.50	37.50	65.00	100.	215.	—
1853	135,000	16.00	27.50	55.00	80.00	135.	775.
1853 O	160,000	125.	150.	265.	400.	800.	—

VARIETY THREE - ARROWS AT DATE
1853-1855

DIAMETER—15.5mm
WEIGHT—1.24 Grams
COMPOSITION—.900 Silver
 .100 Copper
DESIGNER—Christian Gobrecht
EDGE—Reeded

DATE	MINTAGE	G-4	VG-8	F-12	VF-20	EF-40	MS-60	Prf-65
1853	13,210,020	6.50	8.50	10.00	16.50	50.00	225.	19,000.
1853 O	2,200,000	6.50	8.50	11.50	17.50	60.00	350.	—
1854	5,740,000	6.50	8.50	10.00	16.50	50.00	275.	18,000.
1854 O	1,560,000	8.50	13.50	16.50	37.50	80.00	750.	—
1855	1,750,000	6.50	8.50	10.00	16.50	50.00	275.	18,000.
1855 O	600,000	16.00	22.50	32.50	55.00	90.00	1050.	—

HALF DIMES

VARIETY TWO - RESUMED
1856-1859

DATE	MINTAGE	G-4	VG-8	F-12	VF-20	EF-40	MS-60	Prf-65
1856	4,880,000	8.50	13.00	17.50	22.50	45.00	200.	20,000.
1856 O	1,100,000	11.00	16.00	22.50	32.50	65.00	575.	—
1857	1,280,000	8.50	13.00	17.50	22.50	50.00	200.	7500.
1857 O	1,380,000	11.00	16.00	22.50	32.50	65.00	575.	—
1858	3,500,000	8.50	13.00	17.50	22.50	50.00	200.	9500.
1858/Inverted Date	Inc. Above	32.50	37.50	75.00	125.	200.	675.	—
1858 O	1,660,000	11.00	16.00	22.50	32.50	65.00	575.	—
1859	340,000	16.00	27.50	52.50	70.00	95.00	275.	7500.
1859 O	560,000	16.00	22.50	32.50	42.50	75.00	725.	—

VARIETY FOUR - LEGEND ON OBVERSE
1860-1873

DIAMETER—15.5mm
WEIGHT—1.24 Grams
COMPOSITION—.900 Silver
.100 Copper
DESIGNER—Christian Gobrecht
EDGE—Reeded

DATE	MINTAGE	G-4	VG-8	F-12	VF-20	EF-40	MS-60	Prf-65
1860	799,000	8.00	12.00	14.00	25.00	45.00	200.	2750.
1860 O	1,060,000	8.00	14.00	18.00	30.00	45.00	375.	—
1861	3,361,000	8.00	10.00	12.00	18.00	35.00	200.	2750.
1862	1,492,550	8.00	10.00	12.00	18.00	35.00	200.	2750.
1863	18,460	65.00	75.00	110.	165.	225.	775.	3600.
1863 S	100,000	17.50	22.50	32.50	50.00	110.	900.	—
1864	48,470	235.	275.	350.	425.	625.	1250.	3600.
1864 S	90,000	27.50	37.50	80.00	150.	275.	1250.	—
1865	13,500	115.	150.	200.	225.	300.	875.	3600.
1865 S	120,000	17.50	22.50	32.50	70.00	110.	950.	—
1866	10,725	125.	155.	210.	250.	325.	1000.	3600.
1866 S	120,000	17.50	22.50	32.50	55.00	135.	950.	—
1867	8,625	165.	215.	265.	325.	425.	1050.	3600.
1867 S	120,000	17.50	22.50	37.50	75.00	165.	900.	—
1868	89,200	22.50	32.50	42.50	80.00	165.	575.	3600.
1868 S	280,000	10.00	16.50	20.00	30.00	60.00	475.	—
1869	208,600	11.00	17.50	27.50	37.50	70.00	450.	3600.
1869 S	230,000	10.00	16.50	20.00	32.50	65.00	475.	—
1870	536,600	8.00	10.00	12.00	20.00	40.00	425.	2750.
1870 S	Unique	One Known, Uncirculated, 1980 Private Sale $425,000.						
1871	1,873,960	6.00	8.00	10.00	18.00	32.50	400.	2750.
1871 S	161,000	16.50	32.50	52.50	80.00	135.	650.	—
1872	2,947,950	6.00	8.00	10.00	18.00	35.00	400.	2750.
1872 S MM in Wreath	837,000	6.00	8.00	10.00	18.00	35.00	400.	—
1872 S MM Below Wreath	Inc. Above	6.00	8.00	10.00	18.00	35.00	425.	—
1873	712,600	6.00	7.00	12.00	20.00	35.00	375.	2750.
1873 S	324,000	8.00	10.00	15.00	25.00	42.50	375.	—

NICKELS 41

NICKEL FIVE CENT PIECES
1866 TO DATE

SHIELD TYPE
1866-1883

FIRST REVERSE RAYS BETWEEN STARS 1866-1867

SECOND REVERSE WITHOUT RAYS 1867-1883

DIAMETER—20.5mm
WEIGHT—5 Grams
COMPOSITION—.750 Copper
.250 Nickel
DESIGNER— James B. Longacre
EDGE—Plain

DATE	MINTAGE	G-4	VG-8	F-12	VF-20	EF-40	AU-50	MS-60	MS-65	Prf-65
1866	14,742,500	15.00	17.50	25.00	35.00	110.	165.	175.	4000.	4500.
1867 With Rays	2,019,000	13.00	16.50	27.50	40.00	125.	260.	325.	5000.	8500.
1867 Without Rays	28,890,500	6.00	8.00	10.00	16.00	30.00	60.00	125.	875.	1200.
1868	28,817,000	6.00	8.00	10.00	16.00	30.00	55.00	100.	875.	1175.
1869	16,395,000	6.00	8.00	10.00	16.00	30.00	57.50	125.	925.	950.
1870	4,806,000	11.00	12.50	16.00	22.50	37.50	60.00	110.	1000.	1250.
1871	561,000	35.00	40.00	45.00	60.00	90.00	170.	325.	1500.	1000.
1872	6,036,000	11.00	12.50	16.00	22.50	37.50	65.00	125.	950.	950.
1873	4,550,000	6.50	12.50	16.00	22.50	37.50	65.00	135.	975.	1000.
1874	3,538,000	11.00	13.00	17.50	25.00	40.00	70.00	135.	1175.	950.
1875	2,097,000	13.00	16.00	22.50	30.00	47.50	85.00	170.	2700.	1150.
1876	2,530,000	12.00	15.00	20.00	27.50	45.00	80.00	135.	1450.	1000.
1877	Est. 500					PROOF ONLY				2500.
1878	2,350					PROOF ONLY				1500.
1879	29,100	235.	285.	385.	450.	550.	600.	650.	2000.	850.
1880	19,995	275.	350.	400.	475.	600.	650.	675.	4000.	850.
1881	72,375	220.	260.	325.	375.	450.	550.	550.	1250.	850.
1882	11,476,600	8.00	10.00	14.00	20.00	32.50	47.50	100.	900.	850.
1883	1,456,919	11.00	12.00	14.00	20.00	32.50	47.50	110.	900.	850.
1883/2	Inc. Above	75.00	100.	120.	150.	180.	250.	375.	3200.	—

LIBERTY HEAD TYPE
1883-1913

VARIETY ONE WITHOUT CENTS 1883 ONLY

VARIETY ONE WITH CENTS 1883-1913

DIAMETER—21.2mm
WEIGHT—5 Grams
COMPOSITION—.750
.250 Nickel
DESIGNER— Charles E. Barber
EDGE—Plain

DATE	MINTAGE	G-4	VG-8	F-12	VF-20	EF-40	AU-50	MS-60	MS-65	Prf-65
1883 No Cents	5,479,519	2.25	3.25	4.00	7.00	10.00	12.00	35.00	525.	1000.
1883 With Cents	16,032,983	6.50	9.00	19.00	26.00	30.00	65.00	160.	700.	1800.
1884	11,273,942	7.50	9.50	20.00	27.50	36.00	75.00	180.	1100.	700.
1885	1,476,490	155.	215.	325.	425.	625.	875.	1150.	2200.	1100.

EDMUND'S U.S. COIN PRICES

NICKELS

DATE	MINTAGE	G-4	VG-8	F-12	VF-20	EF-40	AU-50	MS-60	MS-65	Prf-65
1886	3,330,290	50.00	60.00	100.	140.	220.	320.	525.	2200.	800.
1887	15,263,652	4.25	5.75	16.00	24.00	42.00	65.00	95.00	900.	625.
1888	10,720,483	6.50	11.00	20.00	30.00	52.50	90.00	130.	1000.	650.
1889	15,881,361	4.25	5.75	16.00	24.00	40.00	65.00	95.00	950.	625.
1890	16,259,272	4.25	5.75	16.00	24.00	42.00	70.00	110.	1050.	675.
1891	16,834,350	4.00	5.75	16.00	24.00	40.00	65.00	95.00	1050.	625.
1892	11,699,642	4.75	7.50	18.00	27.50	45.00	75.00	110.	1350.	625.
1893	13,370,195	4.50	6.50	17.00	25.00	40.00	65.00	95.00	1450.	625.
1894	5,413,132	7.50	10.00	22.00	32.50	85.00	130.	190.	1450.	625.
1895	9,979,884	5.75	7.00	17.00	28.00	42.00	65.00	90.00	1450.	800.
1896	8,842,920	6.00	7.50	20.00	30.00	45.00	70.00	95.00	1500.	625.
1897	20,428,735	1.25	2.25	6.00	10.00	27.50	60.00	85.00	1450.	625.
1898	12,532,087	1.50	2.50	6.50	10.50	27.50	60.00	85.00	725.	625.
1899	26,029,031	.90	2.00	4.25	8.00	22.50	55.00	85.00	675.	625.
1900	27,255,995	.80	1.50	3.75	7.50	20.00	45.00	70.00	675.	625.
1901	26,480,213	.80	1.50	3.75	7.50	20.00	45.00	70.00	675.	625.
1902	31,480,579	.80	1.35	3.50	7.00	20.00	45.00	70.00	675.	625.
1903	28,006,725	.80	1.50	3.75	7.25	20.00	45.00	70.00	675.	625.
1904	21,404,984	.85	1.65	4.00	8.00	20.00	45.00	70.00	675.	625.
1905	29,827,276	.80	1.35	3.50	7.00	20.00	45.00	70.00	675.	625.
1906	38,613,725	.70	1.10	3.25	6.50	20.00	45.00	70.00	675.	625.
1907	39,214,800	.70	1.10	3.25	6.50	20.00	45.00	70.00	675.	700.
1908	22,686,177	.80	1.25	3.75	7.50	20.00	45.00	70.00	675.	625.
1909	11,590,526	.90	1.35	4.00	8.75	22.50	50.00	85.00	1300.	625.
1910	30,169,353	.70	1.10	3.25	6.50	20.00	45.00	70.00	675.	625.
1911	39,559,372	.70	1.10	3.25	6.50	20.00	45.00	70.00	675.	625.
1912	26,236,714	.75	1.25	3.50	7.00	20.00	45.00	70.00	675.	625.
1912 D	8,474,000	1.00	1.75	6.00	15.00	52.50	95.00	185.	1150.	—
1912 S	238,000	50.00	60.00	75.00	200.	375.	500.	575.	2400.	—
1913	5 Known					Jan. 1985 Buss Sale $385,000.				

INDIAN HEAD OR BUFFALO TYPE
1913-1938

FIRST REVERSE
BUFFALO ON MOUNT
1913 ONLY

SECOND REVERSE
BUFFALO ON LINE
1913 ONLY

DIAMETER—21.2mm
WEIGHT—5 Grams
COMPOSITION—.750 Copper, .250 Nickel
DESIGNER—James Earle Fraser
EDGE—Plain

DATE	MINTAGE	G-4	VG-8	F-12	VF-20	EF-40	AU-50	MS-60	MS-65	Prf-65
1913 Mound Type	30,993,520	2.75	3.25	4.25	7.25	11.50	20.00	32.50	120.	2000.
1913 D Mound Type	5,337,000	5.25	6.25	9.00	11.00	21.00	40.00	55.00	325.	—
1913 S Mound Type	2,105,000	8.25	10.00	14.00	22.00	40.00	70.00	85.00	650.	—
1913 Line Type	29,858,700	3.25	3.75	4.75	7.00	13.00	22.50	30.00	275.	1200.
1913 D Line Type	4,156,000	40.00	45.00	50.00	70.00	95.00	140.	180.	750.	—
1913 S Line Type	1,209,000	60.00	65.00	80.00	100.	120.	275.	360.	2300.	—
1914	20,665,738	4.25	5.25	7.00	8.00	13.00	33.00	45.00	375.	1200.
1914 D	3,912,000	26.50	32.00	44.00	57.50	100.	175.	250.	1600.	—

EDMUND'S U.S. COIN PRICES

NICKELS

DATE	MINTAGE	G-4	VG-8	F-12	VF-20	EF-40	AU-50	MS-60	MS-65	Prf-65
1914 S	3,470,000	4.25	5.25	13.00	16.50	37.50	55.00	105.	2100.	—
1915	20,987,270	2.00	2.75	4.25	5.75	11.00	22.50	45.00	300.	1200.
1915 D	7,569,500	6.00	6.50	12.50	32.50	52.50	80.00	150.	2400.	—
1915 S	1,505,000	10.00	12.50	20.00	47.50	85.00	150.	275.	2600.	—
1916	63,498,066	.65	.90	1.25	2.50	6.50	22.50	38.00	250.	2200.
1916 Dbld. Die Obv	Inc. Above	1500.	3400.	4850.	6800.	9000.	12,000.	13,500.	50,000.	—
1916 D	13,333,000	4.25	5.50	9.50	20.00	42.50	75.00	200.	2700.	—
1916 S	11,860,000	3.25	4.25	7.00	16.50	40.00	75.00	160.	2800.	—
1917	51,424,029	.85	1.10	1.65	3.25	10.00	30.00	50.00	500.	—
1917 D	9,910,800	3.75	5.50	10.00	42.50	85.00	110.	235.	3100.	—
1917 S	4,193,000	4.75	5.50	9.50	62.50	37.50	115.	275.	3500.	—
1918	32,086,314	.75	1.50	2.75	5.50	15.00	40.00	60.00	1000.	—
1918 D/17	8,362,000	400.	525.	825.	2250.	4000.	6000.	9500.	57,000.	—
1918 D	Inc. Above	3.75	6.50	11.00	62.50	85.00	170.	335.	3100.	—
1918 S	4,882,000	3.75	5.25	10.00	37.50	80.00	135.	285.	11,000.	—
1919	60,868,000	.50	.75	1.25	3.25	7.50	17.00	45.00	420.	—
1919 D	8,006,000	3.25	6.50	16.50	75.00	110.	185.	360.	3400.	—
1919 S	7,521,000	2.75	5.50	11.50	47.50	80.00	135.	320.	7000.	—
1920	63,093,000	.45	.70	1.25	3.25	7.50	18.50	45.00	600.	—
1920 D	9,418,000	2.75	4.50	9.50	52.50	100.	175.	335.	4000.	—
1920 S	9,689,000	2.25	3.25	7.50	27.00	85.00	125.	220.	13,500.	—
1921	10,663,000	.65	1.00	2.75	6.50	17.00	42.50	90.00	540.	—
1921 S	1,557,000	8.50	16.50	32.50	77.50	210.	350.	900.	4000.	—
1923	35,715,000	.40	.55	1.15	3.25	7.50	20.00	45.00	440.	—
1923 S	6,142,000	1.35	2.75	5.25	24.00	57.50	90.00	175.	9600.	—
1924	21,620,000	.40	.55	1.15	3.25	9.50	22.50	65.00	580.	—
1924 D	5,258,000	2.75	3.75	8.00	42.50	77.50	130.	235.	2200.	—
1924 S	1,437,000	4.25	6.75	16.50	90.00	200.	375.	1000.	4400.	—
1925	25,565,100	.45	.65	1.15	2.50	16.50	47.50	37.50	245.	—
1925 D	4,450,000	3.75	6.50	13.00	52.50	85.00	175.	300.	3825.	—
1925 S	6,256,000	2.50	4.25	7.50	24.00	47.50	115.	230.	16,500.	—
1926	44,693,000	.35	.45	.85	2.25	5.50	14.00	40.00	135.	—
1926 D	5,638,000	2.25	4.25	9.00	35.00	47.50	95.00	160.	2550.	—
1926 S	970,000	5.50	8.50	17.50	325.	875.	1050.	1500.	20,000.	—
1927	37,981,000	.35	.45	.85	1.75	5.25	14.00	37.50	235.	—
1927 D	5,730,000	.85	1.50	3.00	12.00	40.00	60.00	100.	2200.	—
1927 S	3,430,000	1.15	1.75	4.50	14.00	57.50	90.00	170.	11,000.	—
1928	23,411,000	.35	.45	.85	2.25	4.00	15.00	37.50	265.	—
1928 D	6,436,000	.55	.85	2.25	4.25	12.00	26.50	45.00	800.	—
1928 S	6,936,000	.55	.80	1.50	2.75	11.00	32.50	75.00	4400.	—
1929	36,446,000	.35	.45	.85	1.75	3.75	9.00	30.00	225.	—
1929 D	8,370,000	.50	.60	1.15	3.75	10.00	24.00	60.00	1050.	—
1929 S	7,754,000	.45	.55	.85	1.75	8.50	20.00	45.00	300.	—
1930	22,849,000	.35	.55	.85	1.75	3.75	10.00	32.50	120.	—
1930 S	5,435,000	.55	.65	1.15	2.00	7.00	20.00	45.00	440.	—
1931 S	1,200,000	3.25	3.50	4.00	5.50	13.50	30.00	50.00	215.	—
1934	20,213,003	.35	.45	.70	1.75	3.75	12.00	30.00	325.	—
1934 D	7,480,000	.50	.60	.95	1.75	4.25	26.50	40.00	1400.	—
1935	58,264,000	.35	.40	.50	.90	1.75	8.50	20.00	82.00	—
1935 D	12,092,000	.40	.50	.70	2.00	2.75	24.00	30.00	425.	—
1935 S	10,300,000	.40	.45	.60	1.10	2.25	14.00	27.50	240.	—

EDMUND'S U.S. COIN PRICES

NICKELS

DATE	MINTAGE	G-4	VG-8	F-12	VF-20	EF-40	AU-50	MS-60	MS-65	Prf-65
1936	119,001,420	.35	.40	.50	.90	1.75	9.00	15.00	45.00	1500.
1936 D	24,814,000	.35	.45	.60	1.10	2.25	11.00	17.50	75.00	—
1936 S	14,930,000	.35	.45	.60	1.10	2.00	13.00	16.00	75.00	—
1937	79,485,769	.35	.40	.50	.90	1.75	9.50	14.00	40.00	1500.
1937 D	17,826,000	.35	.45	.65	1.10	2.00	10.00	14.00	40.00	—
1937 D 3 Leg	Inc. Above	190.	225.	250.	345.	400.	525.	800.	12,000.	—
1937 S	5,635,000	.45	.50	.55	1.10	1.75	10.00	14.00	45.00	—
1938 D	7,020,000	.45	.50	.60	1.10	1.75	7.50	14.00	40.00	—
1938 D/S	Inc. Above	—	—	6.25	7.50	10.00	16.50	27.50	180.	—

JEFFERSON TYPE
1938 TO DATE

DIAMETER—21.2mm
WEIGHT—5 Grams
COMPOSITION—1938-1942
   1946-Date .750 Copper,.250 Nickel
   1942-1945, .560 Copper
   .350 Silver .090 Manganese
DESIGNER—Felix Schlag
EDGE—Plain
PURE SILVER CONTENT—1942-1945, .05626 Tr. Oz.

DATE	MINTAGE	G-4	VG-8	F-12	VF-20	EF-40	MS-60	Prf-65
1938	19,515,365	—	.35	.50	1.00	1.50	3.75	50.00
1938 D	5,376,000	1.20	1.35	1.65	1.95	2.65	6.00	—
1938 S	4,105,000	2.25	2.40	2.75	3.00	3.50	6.00	—
1939	120,627,535	—	—	—	.20	.40	1.75	60.00
1939 Double Monticello	Inc. Above	—	8.00	12.00	27.50	52.50	210.	—
1939 D	3,514,000	2.75	3.25	3.75	4.25	7.00	37.50	—
1939 S	6,630,000	.50	.70	.80	1.10	2.25	22.50	—
1940	176,499,158	—	—	—	.15	.25	1.15	50.00
1940 D	43,540,000	—	—	—	.20	.35	2.50	—
1940 S	39,690,000	—	—	—	.25	.55	2.25	—
1941	203,283,720	—	—	—	—	.20	.80	50.00
1941 D	53,432,000	—	—	—	.20	.40	2.75	—
1941 S	43,445,000	—	—	—	.20	.40	4.00	—
1942	49,818,600	—	—	—	.20	.40	1.75	32.50
1942 D	13,938,000	.20	.25	.35	.45	2.25	18.00	—

WARTIME ALLOY, LARGE MINTMARK ABOVE DOME
1942-1945

DATE	MINTAGE	G-4	VG-8	F-12	VF-20	EF-40	MS-60	Prf-65
1942 P	57,900,000	—	—	—	1.00	3.35	11.00	160.
1942 S	32,900,000	—	—	—	1.00	1.50	10.00	—
1943 P	271,165,000	—	—	—	1.00	1.50	4.00	—
1943 P 3/2	Inc. Above	22.50	32.50	50.00	75.00	125.	275.	—
1943 D	15,294,000	—	—	—	1.00	1.75	3.50	—
1943 S	104,060,000	—	—	—	1.00	1.50	4.00	—

EDMUND'S U.S. COIN PRICES

NICLELS

DATE	MINTAGE	G-4	VG-8	F-12	VF-20	EF-40	MS-60	Prf-65
1944 P	119,150,000	—	—	—	1.00	1.50	4.75	—
1944 D	32,309,000	—	—	—	1.00	1.50	8.00	—
1944 S	21,640,000	—	—	—	1.00	1.50	7.50	—
1945 P	119,408,100	—	—	—	1.00	1.50	5.00	—
1945 D	37,158,000	—	—	—	1.00	1.50	4.50	—
1945 S	58,939,000	—	—	—	1.00	1.50	3.75	—

PRE-WAR COMPOSITION RESUMED
1946 TO DATE

DATE	MINTAGE	VG-8	F-12	VF-20	EF-40	MS-60	Prf-65
1946	161,116,000	—	—	—	.15	.45	—
1946 D	45,292,200	—	—	—	.20	.80	—
1946 S	13,560,000	—	—	—	.40	.65	—
1947	95,000,000	—	—	—	.15	.45	—
1947 D	37,822,000	—	—	—	.30	.70	—
1947 S	24,720,000	—	—	.25	.40	.60	—
1948	89,348,000	—	—	—	.15	.40	—
1948 D	44,734,000	—	—	—	.30	1.10	—
1948 S	11,300,000	—	.20	.30	.50	1.10	—
1949	60,652,000	—	—	—	.15	.80	—
1949 D	36,498,000	—	—	.25	.30	1.10	—
1949 D/S	Inc. Above	—	26.50	32.50	70.00	180.	—
1949 S	9,716,000	.25	.30	.40	.80	2.10	—
1950	9,847,386	.30	.40	.50	.95	2.00	40.00
1950 D	2,630,030	7.75	8.00	8.25	8.50	18.00	—
1951	28,609,500	—	—	—	.35	1.10	35.00
1951 D	20,460,000	—	—	—	.30	1.35	—
1951 S	7,776,000	.35	.40	.50	.95	2.75	—
1952	64,069,980	—	—	—	.15	.60	34.00
1952 D	30,638,000	—	—	—	.70	1.60	—
1952 S	20,572,000	—	—	—	.20	.70	—
1953	46,772,800	—	—	—	—	.40	32.00
1935 D	59,878,600	—	—	—	—	.35	—
1953 S	19,210,900	—	—	—	.40	.55	—
1954	47,917,350	—	—	—	—	.25	17.50
1954 D	117,136,560	—	—	—	—	.35	—
1954 S	29,384,000	—	—	—	—	.40	—
1954 S/D	Inc. Above	—	4.00	7.25	12.00	27.50	—
1955	8,266,200	.35	.40	.50	.65	.80	10.00
1955 D	74,464,100	—	—	—	—	.25	—
1956	35,885,384	—	—	—	—	.30	1.75
1956 D	67,222,940	—	—	—	—	.25	—
1957	39,655,952	—	—	—	—	.30	1.75
1957 D	136,828,900	—	—	—	—	.25	—
1958	17,963,652	—	.20	.25	.25	.35	1.50
1958 D	168,249,120	—	—	—	—	.25	—
1959	28,397,291	—	—	—	—	.25	1.25
1959 D	160,738,240	—	—	—	—	.15	—
1960	57,107,602	—	—	—	—	.15	1.00
1960 D	192,582,180	—	—	—	—	.15	—
1961	76,668,244	—	—	—	—	.15	1.00

EDMUND'S U.S. COIN PRICES

NICKELS

DATE	MINTAGE	VG-8	F-12	VF-20	EF-40	MS-60	Prf-65
1961 D	229,342,760	—	—	—	—	.15	—
1962	100,602,019	—	—	—	—	.15	1.00
1962 D	280,195,720	—	—	—	—	.15	—
1963	178,851,645	—	—	—	—	.15	1.00
1963 D	276,829,460	—	—	—	—	.15	—
1964	1,028,622,762	—	—	—	—	.15	1.00
1964 D	1,787,297,160	—	—	—	—	.15	—

DATE	MINTAGE	MS-65	Prf-65
1965	136,131,380	.15	—
1966	156,208,283	.15	—
1967	107,325,800	.15	—
1968	—	—	—
1968 D	91,227,880	.15	—
1968 S	103,437,510	.15	.40
1969	—	—	—
1969 D	202,807,500	.15	—
1969 S	123,099,631	.15	.40
1970	—	—	—
1970 D	515,485,380	.15	—
1970 S	241,464,814	.15	.65
1971	106,884,000	.15	—
1971 D	316,144,800	.15	—
1971 S	PROOF ONLY	—	.90
1972	202,036,000	.15	—
1972 D	351,694,600	.15	—
1972 S	PROOF ONLY	—	.90
1973	384,396,000	.15	—
1973 D	261,405,400	.15	—
1973 S	PROOF ONLY	—	1.00
1974	601,752,000	.15	—
1974 D	277,373,000	.15	—
1974 S	PROOF ONLY	—	1.25
1975	181,772,000	.15	—
1975 D	401,875,300	.15	—
1975 S	PROOF ONLY	—	1.25
1976	367,124,000	.15	—
1976 D	563,964,147	.15	—
1976 S	PROOF ONLY	—	.50
1977	585,376,000	.15	—
1977 D	297,313,460	.15	—
1977 S	PROOF ONLY	—	.50
1978	391,308,000	.15	—
1978 D	313,092,780	.15	—
1978 S	PROOF ONLY	—	.60
1979	463,188,000	.15	—
1979 D	325,867,672	.15	—

EDMUND'S U.S. COIN PRICES

NICKELS

DATE	MINTAGE	MS-65	Prf-65
1979 S	PROOF ONLY	—	.75
1980 P	593,004,000	.15	—
1980 D	502,323,448	.15	—
1980 S	PROOF ONLY	—	.50
1981 P	657,504,000	.15	—
1981 D	364,801,843	.15	—
1981 S	PROOF ONLY	—	.50
1982 P	292,355,000	.15	—
1982 D	373,726,544	.15	—
1982 S	PROOF ONLY	—	2.00
1983 P	561,615,000	.15	—
1983 D	536,726,276	.15	—
1983 S	PROOF ONLY	—	1.50
1984 P	746,769,000	.15	—
1984 D	517,675,146	.15	—
1984 S	PROOF ONLY	—	1.25
1985 P	647,114,962	.15	—
1985 D	459,747,446	.15	—
1985 S	PROOF ONLY	—	1.50
1986 P	536,883,483	.15	—
1986 D	361,819,140	.15	—
1986 S	PROOF ONLY	—	1.50
1987 P	371,499,481	.15	—
1987 D	410,590,604	.15	—
1987 S	PROOF ONLY	—	1.50
1988 P	771,360,000	.15	—
1988 D	663,771,652	.15	—
1988 S	PROOF ONLY	—	1.50
1989 P	898,812,000	.15	—
1989 D	570,842,474	.15	—
1989 S	PROOF ONLY	—	1.50
1990 P	—	.15	—
1990 D	—	.15	—
1990 S	PROOF ONLY	—	1.50
1991 P	—	.15	—
1991 D	—	.15	—
1991 S	PROOF ONLY	—	1.50
1992 P	—	.15	—
1992 D	—	.15	—
1992 S	PROOF ONLY	—	1.50

DIMES
1796 to DATE

DRAPED BUST TYPE, SMALL EAGLE REVERSE
1796-1797

DIAMETER—19mm
WEIGHT—2.70 Grams
COMPOSITION—.8924 Silver, .1076 Copper
DESIGNER—Robert Scot
EDGE—Reeded

DATE	MINTAGE	G-4	VG-8	F-12	VF-20	EF-40	MS-60
1796	22,135	900.	1100.	1600.	2500.	4250.	8500.
1797 13 Stars	25,261	900.	1100.	1600.	2500.	4400.	8500.
1797 16 Stars	Inc. Above	900.	1100.	1600.	2500.	4250.	8500.

DRAPED BUST TYPE HERALDIC EAGLE REVERSE
1798-1807

DIAMETER—19mm
WEIGHT—2.70 Grams
COMPOSITION—.8924 Silver
 .1076 Copper
DESIGNER—Robert Scot
EDGE—Plain

DATE	MINTAGE	G-4	VG-8	F-12	VF-20	EF-40	MS-60
1798	27,550	600.	725.	1000.	1400.	2000.	6250.
1798/97 13 Stars	Inc. Above				VERY RARE		
1798/97 16 Stars	Inc. Above	600.	750.	950.	1400.	2000.	3400.
1798 Small 8	Inc. Above				RARE		
1800	21,760	600.	725.	1100.	1550.	1900.	5500.
1801	34,640	600.	725.	1100.	1550.	1800.	5500.
1802	10,975	800.	1150.	1650.	2800.	4800.	5750.
1803	33,040	600.	725.	950.	1400.	1800.	5750.
1804 13 Stars	8,265	1100.	1500.	2400.	3750.	7000.	—
1804 14 Stars	Inc. Above	1000.	1300.	2200.	3250.	5800.	—
1805 4 Berries	120,780	500.	550.	900.	1200.	1750.	3400.
1805 5 Berries	Inc. Above	500.	550.	900.	1200.	1850.	4750.
1807	165,000	500.	550.	900.	1200.	1750.	3400.

EDMUND'S U.S. COIN PRICES

DIMES

CAPPED BUST TYPE
1809-1837

DIAMETER—18.8mm
WEIGHT—2.70 Grams
COMPOSITION—.8924 Silver, .1076 Copper
DESIGNER—John Reich
EDGE—Reeded

VARIETY ONE - LARGE SIZE *1809-1828*

DATE	MINTAGE	G-4	VG-8	F-12	VF-20	EF-40	MS-60
1809	51,065	75.00	100.	150.	225.	750.	4400.
1811/9	65,180	45.00	65.00	85.00	150.	475.	4250.
1814 Sm. Date	421,500	25.00	35.00	52.50	90.00	450.	925.
1814 Lg. Date	Inc. Above	25.00	30.00	45.00	80.00	345.	925.
1820 Lg. O	942,587	22.50	27.50	40.00	95.00	325.	925.
1820 Sm. O	Inc. Above	22.50	27.50	40.00	95.00	325.	925.
1821 Lg. Date	1,186,512	22.50	27.50	40.00	100.	325.	925.
1821 Sm. Date	Inc. Above	22.50	30.00	45.00	100.	375.	925.
1822	100,000	350.	500.	700.	925.	1500.	5000.
1823/2 Large E's	440,000	22.50	27.50	40.00	100.	300.	925.
1823/2 Small E's	Inc. Above	22.50	27.50	40.00	100.	375.	925.
1824/2	510,000	22.50	27.50	40.00	100.	450.	925.
1825	Inc. Above	20.00	26.00	37.50	95.00	300.	925.
1827	1,215,000	20.00	25.00	32.50	95.00	300.	925.
1828 Lg. Date	125,000	35.00	45.00	70.00	120.	450.	3200.

VARIETY TWO - DIAMETER SLIGHTLY REDUCED *1828-1837*

DATE	MINTAGE	G-4	VG-8	F-12	VF-20	EF-40	MS-60
1828 Sm. Date	Inc. Above	25.00	30.00	40.00	85.00	300.	1000.
1829 Lg. 10C	770,000	22.50	27.50	37.50	75.00	300.	675.
1829 Med. 10C	Inc. Above	14.00	16.50	20.00	50.00	275.	675.
1829 Sm. 10C	Inc. Above	14.00	16.50	20.00	50.00	200.	675.
1830 Lg. 10C	510,000	14.00	16.50	20.00	50.00	200.	675.
1830 Sm. 10C	Inc. Above	14.00	16.50	20.00	50.00	225.	675.
1830/29	Inc. Above	—	80.00	135.	215.	270.	1100.
1831	771,350	14.00	16.50	20.00	50.00	200.	600.
1832	522,500	14.00	16.50	20.00	50.00	200.	600.
1833	485,000	14.00	16.50	20.00	50.00	200.	600.
1833 High 3	Inc. Above	14.00	16.50	20.00	50.00	200.	600.
1834 Large 4	635,000	14.00	16.50	20.00	50.00	200.	600.
1834 Small 4	Inc. Above	14.00	16.50	20.00	50.00	200.	600.
1835	1,410,000	14.00	16.50	20.00	50.00	200.	600.
1836	1,190,000	14.00	16.50	20.00	50.00	200.	600.
1837	1,042,000	14.00	16.50	20.00	50.00	200.	675.

DIMES

LIBERTY SEATED TYPE
1837-1891

VARIETY ONE - NO STARS ON OBVERSE
1837-1838

DIAMETER—17.9mm
WEIGHT—1.67 Grams
COMPOSITION—.900 Silver, .100 Copper
DESIGNER—Christian Gobrecht
EDGE—Reeded

DATE	MINTAGE	G-4	VG-8	F-12	VF-20	EF-40	MS-60
1837 Sm. Date	Inc. Above	25.00	36.00	50.00	135.	325.	1150.
1837 Lg. Date	Inc. Above	25.00	36.00	50.00	135.	325.	1150.
1838 O	406,034	47.50	55.00	85.00	200.	500.	3750.

VARIETY TWO - STARS ON OBVERSE
1838-1853

DIAMETER—17.9mm
WEIGHT—2.67 Grams
COMPOSITION—.900 Silver, .100 COPPER
DESIGNER—Christian Gobrecht
EDGE—Reeded

DATE	MINTAGE	G-4	VG-8	F-12	VF-20	EF-40	MS-60
1838 Sm. Stars	1,992,500	22.50	32.50	42.50	85.00	275.	2000.
1838 Lg. Stars	Inc. Above	11.50	16.00	22.50	42.50	80.00	875.
1838 Part Drapery	Inc. Above	42.50	70.00	90.00	120.	375.	1450.
1839	1,053,115	11.50	13.50	19.00	37.50	75.00	300.
1839 O	1,323,000	13.50	17.50	22.50	65.00	110.	1000.
1840	1,358,580	8.50	9.50	11.50	37.50	60.00	300.
1840 O	1,175,000	16.50	32.50	47.50	70.00	110.	1600.
1840 Drapery	Inc. Above	45.00	70.00	150.	225.	475.	—
1841	1,622,500	8.50	11.50	16.50	37.50	65.00	225.
1841 O	2,007,500	16.50	22.50	32.50	52.50	140.	1600.
1842	1,887,500	8.50	11.50	16.50	37.50	65.00	225.
1842 O	2,020,000	16.50	22.50	32.50	65.00	130.	—
1843	1,370,000	8.50	11.50	16.50	37.50	65.00	225.
1843 O	150,000	52.50	70.00	135.	270.	675.	—
1844	72,500	27.50	42.50	75.00	160.	325.	2150.
1845	1,755,000	8.50	11.50	16.50	25.00	45.00	225.
1845 O	230,000	16.50	32.50	80.00	160.	525.	—
1846	31,300	78.00	90.00	150.	275.	525.	—
1847	245,000	16.50	27.50	52.50	80.00	140.	1250.
1848	451,500	11.50	13.50	25.00	35.00	70.00	775.
1849	839,000	8.50	11.50	17.50	25.50	55.00	750.
1849/8	Inc. Above	52.50	80.00	150.	225.	400.	—
1849 O	300,000	16.50	22.50	37.50	90.00	200.	—
1850	1,931,500	8.50	11.50	15.00	20.00	45.00	225.
1850 O	510,000	13.50	17.50	32.50	45.00	85.00	1050.
1851	1,026,500	8.50	11.50	15.00	20.00	45.00	225.

EDMUND'S U.S. COIN PRICES

DIMES

DATE	MINTAGE	G-4	VG-8	F-12	VF-20	EF-40	MS-60
1851 O	400,000	13.50	17.50	25.00	50.00	95.00	1450.
1852	1,535,500	8.50	11.50	15.00	20.50	45.00	225.
1852 O	430,000	16.50	22.50	42.50	90.00	225.	1750.
1853	95,000	60.00	75.00	100.	175.	300.	1050.

VARIETY THREE - ARROWS AT DATE
1853-1855

DIAMETER—17.9mm
WEIGHT—2.49 Grams
COMPOSITION—.900 Silver, .100 Copper
DESIGNER—Christian Gobrecht
EDGE—Reeded

DATE	MINTAGE	G-4	VG-8	F-12	VF-20	EF-40	MS-60	Prf-65
1853	12,078,010	6.50	9.50	13.50	22.50	50.00	325.	20,000.
1853 O	1,100,000	8.50	16.50	27.50	42.50	100.	950.	—
1854	4,470,000	6.50	11.50	16.50	27.50	50.00	325.	20,000.
1854 O	1,770,000	6.50	13.50	22.50	37.50	80.00	700.	—
1855	2,075,000	6.50	9.50	16.50	25.00	50.00	375.	20,000.

VARIETY TWO - RESUMED
1856-1860

DATE	MINTAGE	G-4	VG-8	F-12	VF-20	EF-40	MS-60	Prf-65
1856 Sm. Date	5,780,000	6.50	9.50	13.50	20.00	35.00	360.	20,000.
1856 Lg Date	Inc. Above	11.50	16.50	22.50	30.00	65.00	360.	—
1856 O	1,180,000	7.50	12.50	15.50	27.50	65.00	360.	—
1856 S	70,000	100.	125.	175.	275.	425.	—	—
1857	5,580,000	6.50	9.50	13.50	17.00	35.00	270.	9000.
1857 O	1,540,000	7.50	12.50	15.50	20.00	55.00	360.	—
1858	1,540,000	6.50	9.50	13.50	17.00	35.00	270.	9000.
1858 O	290,000	15.00	20.00	30.00	50.00	130.	825.	—
1858 S	60,000	90.00	110.	140.	250.	425.	1350.	—
1859	430,000	6.50	9.50	13.50	20.00	55.00	360.	9000.
1859 O	480,000	6.50	11.50	16.50	25.00	75.00	575.	—
1859 S	60,000	125.	150.	185.	300.	475.	—	—
1860 S	140,000	16.50	25.00	35.00	70.00	165.	—	—

VARIETY FOUR - LEGEND ON OBVERSE
1860-1873

DIAMETER—17.9mm
WEIGHT—2.49 Grams
COMPOSITION—.900 Silver, .100 Copper
DESIGNER—Christian Gobrecht
EDGE—Reeded

DIMES

DATE	MINTAGE	G-4	VG-8	F-12	VF-20	EF-40	MS-60	Prf-65
1860	607,000	6.50	13.50	20.00	25.00	45.00	550.	2800.
1860 O	40,000	425.	525.	750.	1150.	1750.	—	—
1861	1,884,000	6.50	11.50	16.50	20.00	32.50	525.	2800.
1861 S	172,500	22.50	27.50	47.50	70.00	150.	—	—
1862	847,550	5.50	11.50	16.50	20.00	40.00	525.	2800.
1862 S	180,750	22.50	27.50	42.50	80.00	160.	—	—
1863	14,460	110.	150.	200.	245.	350.	1250.	2800.
1863 S	157,500	22.50	37.50	47.50	80.00	185.	1150.	—
1864	11,470	95.00	140.	190.	225.	325.	1250.	2800.
1864 S	230,000	16.50	22.50	32.50	55.00	150.	1175.	—
1865	10,500	125.	165.	215.	300.	375.	1050.	2800.
1865 S	175,000	16.50	27.50	32.50	65.00	150.	—	—
1866	8,725	135.	190.	245.	350.	425.	1250.	2800.
1866 S	135,000	16.50	27.50	32.50	60.00	160.	1500.	—
1867	6,625	185.	240.	325.	400.	475.	1750.	2800.
1867 S	140,000	16.50	27.50	32.50	60.00	160.	1150.	—
1868	464,600	6.50	11.50	27.50	55.00	135.	675.	2800.
1868 S	260,000	11.50	16.50	27.50	95.00	200.	975.	—
1869	256,600	6.50	11.50	27.50	80.00	150.	750.	2800.
1869 S	450,000	8.50	13.50	20.00	52.50	105.	850.	—
1870	71,500	6.50	11.50	20.00	52.50	110.	450.	2800.
1870 S	50,000	150.	170.	220.	325.	500.	2700.	—
1871	907,710	6.50	10.00	14.00	22.50	40.00	375.	2800.
1871 CC	20,100	325.	425.	800.	1000.	2100.	—	—
1871 S	320,000	16.50	27.50	42.50	80.00	150.	975.	—
1872	2,396,450	6.50	10.00	14.00	22.50	27.50	375.	2800.
1872 CC	35,480	215.	325.	475.	625.	1250.	—	—
1872 S	190,000	27.50	42.50	85.00	135.	225.	1150.	—
1873 Closed 3	1,568,600	8.00	10.00	12.00	20.00	35.00	375.	2800.
1873 Open 3	Inc. Above	27.50	47.50	70.00	110.	160.	—	—
1873 CC	12,400	UNIQUE-ELIASBERG COLLECTION						

VARIETY FIVE - ARROWS AT DATE
1873-1874

DIAMETER—17.9mm
WEIGHT—2.50 Grams
COMPOSITION—.900 Silver, .100 Copper
DESIGNER—Christian Gobrecht
EDGE—Reeded

DATE	MINTAGE	G-4	VG-8	F-12	VF-20	EF-40	MS-60	Prf-65
1873	2,378,500	12.50	20.00	30.00	47.50	125.	500.	10,000.
1873 CC	18,791	525.	750.	1100.	1600.	2750.	14,000.	—
1873 S	455,000	17.50	22.50	35.00	65.00	135.	1600.	—
1874	2,940,700	12.50	20.00	30.00	47.50	125.	500.	10,000.
1874 CC	10,817	950.	1400.	2000.	2600.	4250.	—	—
1874 S	240,000	25.00	37.50	75.00	110.	185.	1600.	—

VARIETY FOUR - RESUMED
1875-1891

DATE	MINTAGE	G-4	VG-8	F-12	VF-20	EF-40	MS-60	Prf-65
1875	10,350,700	3.00	4.00	7.00	10.00	25.00	150.	4750.
1874 CC Above Bow	4,645,000	6.00	7.00	9.00	12.50	30.00	170.	—
1875 CC Below Bow	Inc. Above	6.00	7.00	9.00	12.50	40.00	170.	—
1875 S Above Bow	9,070,000	6.00	7.00	9.00	12.50	30.00	500.	—
1875 S Below Bow	Inc. Above	6.00	7.00	9.00	12.50	25.00	150.	—
1876	11,461,150	3.00	4.00	7.00	10.00	25.00	150.	2800.
1876 CC	8,270,000	3.00	4.00	7.00	15.00	30.00	150.	—
1876 S	10,420,000	3.00	4.00	7.00	10.00	25.00	150.	—
1877	7,310,510	3.00	4.00	7.00	10.00	25.00	150.	2800.
1877 CC	7,700,000	3.00	4.00	7.00	15.00	30.00	150.	—
1877 S	2,340,000	3.00	4.00	7.00	10.00	30.00	160.	—
1878	1,678,800	3.00	4.00	7.00	10.00	35.00	150.	2800.
1878 CC	200,000	50.00	75.00	120.	165.	240.	950.	—
1879	15,100	170.	200.	250.	300.	400.	750.	2800.
1880	37,335	120.	150.	185.	235.	300.	700.	2800.
1881	24,975	140.	170.	200.	250.	350.	700.	2800.
1882	3,911,100	3.00	4.00	7.00	10.00	25.00	150.	2800.
1883	7,675,712	3.00	4.00	7.00	10.00	25.00	150.	2800.
1884	3,366,380	3.00	4.00	7.00	10.00	25.00	150.	2800.
1884 S	564,969	11.50	16.50	22.50	37.50	70.00	475.	—
1885	2,533,427	3.00	4.00	7.00	10.00	25.00	150.	2800.
1885 S	43,690	200.	225.	275.	400.	550.	3150.	—
1886	6,377,570	3.00	4.00	7.00	10.00	25.00	150.	2800.
1886 S	206,524	16.50	22.50	40.00	65.00	95.00	525.	—
1887	11,283,939	3.00	4.00	7.00	10.00	25.00	150.	2800.
1887 S	4,454,450	3.00	4.00	7.00	10.00	25.00	150.	—
1888	5,496,487	3.00	4.00	7.00	10.00	25.00	150.	2800.
1888 S	1,720,000	3.00	4.00	7.00	10.00	25.00	150.	—
1889	7,380,711	3.00	4.00	7.00	10.00	25.00	150.	2800.
1889 S	972,678	11.50	16.50	22.50	27.50	55.00	500.	—
1890	9,911,541	3.00	4.00	7.00	10.00	25.00	150.	2800.
1890 S	1,423,076	10.00	16.50	22.50	27.50	50.00	500.	—
1891	15,310,600	3.00	4.00	7.00	10.00	25.00	150.	2800.
1891 O	4,540,000	3.00	4.00	7.00	10.00	25.00	500.	—
1891 S	3,196,116	3.00	4.00	7.00	10.00	25.00	525.	—

BARBER TYPE
1892-1916

DIAMETER—17.9mm
WEIGHT—2.50 Grams
COMPOSITION—.900 Silver, .100 Copper
DESIGNER—Charles E. Barber
EDGE—Reeded
PURE SILVER CONTENT—.07234 Tr. Oz.

DATE	MINTAGE	G-4	VG-8	F-12	VF-20	EF-40	AU-50	MS-60	MS-65	Prf-65
1892	12,121,245	3.50	4.25	8.00	16.50	37.50	60.00	185.	1200.	2400.
1892 O	3,841,700	4.75	9.25	16.50	24.00	42.50	70.00	200.	2750.	—

EDMUND'S U.S. COIN PRICES

DIMES

DATE	MINTAGE	G-4	VG-8	F-12	VF-20	EF-40	AU-50	MS-60	MS-65	Prf-65
1892 S	990,710	32.00	50.00	70.00	95.00	125.	215.	240.	6000.	—
1893	3,340,792	5.00	10.00	18.00	30.00	50.00	85.00	190.	1200.	2400.
1893 O	1,760,000	13.50	22.50	35.00	47.50	85.00	125.	200.	4500.	—
1893 S	2,491,401	6.00	10.00	20.00	35.00	55.00	95.00	225.	3700.	—
1894	1,330,972	6.50	12.50	25.00	37.50	70.00	115.	200.	1400.	2400.
1894 O	720,000	27.50	50.00	85.00	120.	235.	550.	900.	9250.	—
1894 S	24	January 1990 Stack's Sale PROOF-65 $275,000.								
1895	690,880	52.50	90.00	115.	175.	250.	350.	500.	2750.	2400.
1895 O	440,000	175.	200.	500.	650.	1100.	1250.	1600.	10,500.	—
1895 S	1,120,000	15.00	25.00	42.50	60.00	95.00	150.	200.	6200.	—
1896	2,000,762	7.75	13.00	27.50	45.00	65.00	100.	195.	2250.	2400.
1896 O	610,000	40.00	67.50	100.	150.	215.	350.	525.	6200.	—
1896 S	575,056	40.00	65.00	95.00	140.	210.	325.	375.	6200.	—
1897	10,869,264	2.50	3.50	12.00	20.00	40.00	65.00	185.	1200.	2400.
1897 O	666,000	35.50	62.50	95.00	135.	215.	315.	550.	6750.	—
1897 S	1,342,844	7.75	13.50	27.50	55.00	85.00	125.	225.	7250.	—
1898	16,320,735	2.50	3.00	8.50	15.00	37.50	55.00	185.	1200.	2400.
1898 O	2,130,000	4.50	8.50	24.00	40.00	75.00	120.	280.	5850.	—
1898 S	1,702,507	4.00	8.00	15.00	27.00	45.00	67.50	225.	7200.	—
1899	19,580,846	2.50	3.00	7.50	15.00	35.00	52.50	185.	1350.	2400.
1899 O	2,650,000	4.25	9.00	22.50	35.00	65.00	100.	275.	5850.	—
1899 S	1,867,493	4.00	8.00	15.00	30.00	50.00	75.00	210.	6500.	—
1900	17,600,912	2.00	3.00	7.50	15.00	35.00	52.50	185.	1200.	2400.
1900 O	2,010,000	5.57	9.50	22.50	40.00	72.50	110.	300.	5500.	—
1900 S	5,168,270	2.00	3.50	8.00	15.00	35.00	52.50	195.	2250.	—
1901	18,860,478	2.00	3.50	6.00	12.50	32.50	50.00	185.	1300.	2400.
1901 O	5,620,000	2.00	3.50	7.50	20.00	50.00	100.	275.	3700.	—
1901 S	593,022	42.50	65.00	105.	150.	225.	375.	625.	5600.	—
1902	21,380,777	2.00	2.50	6.00	12.50	30.00	47.50	185.	1200.	2400.
1902 O	4,500,000	3.00	4.25	8.00	20.00	42.50	65.00	200.	5200.	—
1902 S	2,070,000	3.50	8.50	20.00	32.50	65.00	100.	235.	4800.	—
1903	19,500,755	2.00	3.00	6.50	15.00	32.50	50.00	185.	1200.	2400.
1903 O	8,180,000	2.00	3.50	7.50	20.00	40.00	60.00	200.	7000.	—
1903 S	613,300	35.00	55.00	70.00	115.	210.	325.	525.	5600.	—
1904	14,601,027	2.00	3.00	7.00	15.00	32.50	50.00	185.	4100.	2400.
1904 S	800,000	25.00	47.50	65.00	110.	185.	290.	475.	5500.	—
1905	14,552,350	2.00	3.00	6.00	15.00	32.50	50.00	185.	1200.	2400.
1905 O	3,400,000	2.25	5.25	16.50	30.00	60.00	95.00	200.	4300.	—
1905 S	6,855,199	2.00	3.25	9.00	20.00	40.00	60.00	225.	1350.	—
1906	19,958,406	1.75	2.50	5.00	12.50	30.00	45.00	185.	1200.	2400.
1906 D	4,060,000	2.15	3.75	9.00	20.00	42.50	65.00	215.	2500.	—
1906 O	2,610,000	3.25	5.75	17.50	30.00	52.50	80.00	225.	1350.	—
1906 S	3,136,640	2.50	3.75	9.00	22.00	42.50	67.50	230.	1200.	—
1907	22,220,575	1.75	2.50	5.00	12.50	30.00	45.00	185.	1200.	2400.
1907 D	4,080,000	2.15	3.75	9.00	20.00	42.50	65.00	200.	4900.	—
1907 O	5,058,000	2.00	3.00	8.50	20.00	42.50	62.50	190.	2850.	—
1907 S	3,178,470	2.25	4.00	8.50	17.50	37.50	70.00	240.	4400.	—
1908	10,600,545	1.85	3.00	4.25	11.50	30.00	44.00	185.	1200.	2400.
1908 D	7,490,000	2.00	3.00	4.25	11.50	30.00	45.00	190.	2400.	—
1908 O	1,789,000	3.75	7.00	13.50	23.50	40.00	72.50	240.	2400.	—
1908 S	3,220,000	2.25	3.25	7.75	17.50	36.50	67.50	230.	2750.	—

EDMUND'S U.S. COIN PRICES

DIMES

DATE	MINTAGE	G-4	VG-8	F-12	VF-20	EF-40	AU-50	MS-60	MS-65	Prf-65
1909	10,240,650	2.00	3.00	4.25	12.00	32.00	46.00	185.	1200.	2400.
1909 D	954,000	3.75	6.75	16.00	32.00	57.50	95.00	240.	3200.	—
1909 O	2,287,000	2.25	3.00	7.50	18.50	37.50	67.50	210.	1350.	—
1909 S	1,000,000	4.75	9.50	20.00	37.50	62.50	120.	260.	4900.	—
1910	11,520,551	2.00	2.50	3.25	11.00	30.00	45.00	185.	1200.	2400.
1910 D	3,490,000	2.25	3.00	5.75	13.00	33.50	67.50	240.	3000.	—
1910 S	1,240,000	3.25	5.00	9.00	18.50	38.50	64.00	215.	2400.	—
1911	18,870,543	1.75	2.25	2.75	9.00	29.00	43.50	185.	1200.	2400.
1911 D	11,209,000	1.85	2.25	2.75	9.50	30.00	44.50	185.	1200.	—
1911 S	3,520,000	2.25	3.00	4.75	15.00	37.50	65.00	215.	1500.	—
1912	19,350,000	1.75	2.25	3.00	9.00	29.00	43.50	185.	1200.	2400.
1912 D	11,760,000	1.75	2.25	3.00	9.00	29.00	43.50	185.	1200.	—
1912 S	3,420,000	2.00	2.50	4.00	14.00	35.00	57.50	215.	1300.	—
1913	19,760,622	1.75	2.25	3.00	9.00	29.00	43.50	185.	1200.	2400.
1913 S	510,000	7.75	15.00	32.50	65.00	145.	240.	275.	1300.	—
1914	17,360,655	1.75	2.25	3.00	9.00	29.00	43.50	185.	1200.	2400.
1914 D	11,908,000	1.75	2.25	3.00	9.00	29.00	43.50	185.	1200.	—
1914 S	2,100,000	2.25	3.00	4.25	13.00	35.00	57.50	215.	1200.	—
1915	5,620,450	2.00	2.25	4.25	10.50	33.00	52.50	240.	1200.	2800.
1915 S	960,000	3.00	4.25	9.50	18.50	41.00	80.00	235.	4200.	—
1916	18,490,000	1.75	2.25	3.00	9.50	29.00	43.50	185.	1200.	—
1916 S	5,820,000	1.85	2.25	3.75	12.00	33.00	48.50	190.	1200.	—

MERCURY TYPE
1916-1945

DIAMETER—17.9mm
WEIGHT—2.50 Grams
COMPOSITION—.900 Silver, .100 Copper
DESIGNER—Adolph A. Weinman
EDGE—Reeded
PURE SILVER CONTENT—.07234 Tr. Oz.

DATE	MINTAGE	G-4	VG-8	F-12	VF-20	EF-40	MS-60	MS-65	FSB-65	Prf-65
1916	22,180,080	2.00	3.25	4.25	5.25	8.50	32.50	90.00	180.	—
1916 D	264,000	400.	600.	950.	1600.	2500.	3600.	11,000.	13,000.	—
1916 S	10,450,000	2.50	3.00	5.25	7.50	12.50	47.50	160.	320.	—
1917	55,230,000	—	1.75	3.25	4.25	6.50	45.00	140.	260.	—
1917 D	9,402,000	2.25	2.50	8.00	13.00	32.00	100.	825.	4600.	—
1917 S	27,330,000	1.75	2.00	3.25	5.25	8.50	55.00	900.	1850.	—
1918	26,680,000	2.00	2.50	4.00	8.50	21.00	65.00	475.	700.	—
1918 D	22,674,800	2.00	2.50	4.25	8.50	19.00	80.00	1100.	11,000.	—
1918 S	19,300,000	1.75	2.00	3.25	5.75	12.00	42.50	1250.	3900.	—
1919	35,470,000	1.75	2.00	3.25	4.75	8.00	40.00	375.	425.	—
1919 D	9,939,000	2.50	3.25	6.25	16.00	32.50	150.	1850.	4600.	—
1919 S	8,850,000	2.50	2.75	6.25	16.00	31.00	150.	1950.	3900.	—
1920	59,030,000	1.75	2.00	2.50	4.25	5.50	30.00	300.	385.	—
1920 D	19,171,000	1.75	2.00	2.50	6.25	14.00	80.00	1850.	2600.	—
1920 S	13,820,000	1.75	2.00	2.50	6.25	13.00	70.00	1150.	3850.	—
1921	1,230,000	20.00	30.00	67.50	125.	400.	750.	2750.	4100.	—
1921 D	1,080,000	30.00	45.00	95.00	180.	375.	750.	3000.	4500.	—

DIMES

DATE	MINTAGE	G-4	VG-8	F-12	VF-20	EF-40	MS-60	MS-65	FSB-65	Prf-65
1923	50,130,000	1.75	2.00	2.50	3.75	5.25	20.00	250.	320.	—
1923 S	6,440,000	2.00	2.50	4.00	6.75	26.50	85.00	1850.	2750.	—
1924	24,010,000	1.75	2.00	2.50	3.75	7.50	52.00	360.	450.	—
1924 D	6,810,000	1.75	2.00	4.00	6.25	20.00	85.00	1250.	2600.	—
1924 S	7,120,000	1.75	2.00	3.25	6.25	17.50	85.00	2700.	5300.	—
1925	25,610,000	—	1.75	2.00	3.25	5.75	36.00	235.	425.	—
1925 D	5,117,000	3.50	4.75	8.00	26.50	75.00	235.	1650.	4400.	—
1925 S	5,850,000	1.75	2.00	2.50	6.25	16.00	110.	2250.	2900.	—
1926	32,160,000	—	1.75	2.00	3.25	4.75	18.00	275.	525.	—
1926 D	6,828,000	1.75	2.00	3.25	5.25	16.50	65.00	625.	1800.	—
1926 S	1,520,000	6.75	9.00	12.00	35.00	70.00	440.	3500.	5000.	—
1927	28,080,000	—	1.75	2.00	2.50	4.25	18.00	235.	300.	—
1927 D	4,812,000	2.00	2.50	5.25	13.00	31.00	160.	1250.	4200.	—
1927 S	4,770,000	1.75	2.00	2.75	5.25	16.00	90.00	1300.	2400.	—
1928	19,480,000	—	1.75	2.00	2.50	4.25	22.00	225.	275.	—
1928 D	4,161,000	1.75	2.00	4.25	13.00	32.00	120.	925.	1500.	—
1928 S	7,400,000	1.75	2.00	2.50	4.75	11.00	47.50	700.	1600.	—
1929	25,970,000	—	1.75	2.00	2.50	3.50	20.00	65.00	125.	—
1929 D	5,034,000	1.75	2.00	3.00	5.25	8.00	45.00	80.00	120.	—
1929 S	4,730,000	1.75	2.00	2.50	3.50	4.25	42.00	120.	360.	—
1930	6,770,000	1.75	2.00	2.50	3.25	4.75	20.00	120.	275.	—
1930 S	1,843,000	1.75	2.50	4.25	5.75	11.50	70.00	285.	340.	—
1931	3,150,000	—	1.75	2.25	3.25	8.50	40.00	140.	300.	—
1931 D	1,260,000	7.50	8.50	10.00	16.00	26.00	105.	260.	340.	—
1931 S	1,800,000	2.25	2.50	4.75	5.50	10.00	75.00	270.	600.	—
1934	24,080,000	—	—	—	1.75	19.00	22.00	35.00	75.00	—
1934 D	6,772,000	—	—	—	1.75	5.25	32.50	65.00	450.	—
1935	58,830,000	—	—	—	1.75	2.50	12.00	30.00	60.00	—
1935 D	10,477,000	—	—	1.75	2.25	7.50	42.00	55.00	500.	—
1935 S	15,840,000	—	—	—	1.75	2.50	25.00	45.00	220.	—
1936	87,504,130	—	—	—	1.75	2.50	13.00	25.00	65.00	1000.
1936 D	16,132,000	—	—	—	1.75	4.25	28.00	45.00	140.	—
1936 S	9,210,000	—	—	—	1.75	2.50	20.00	35.00	55.00	—
1937	56,865,756	—	—	—	1.75	2.50	13.00	25.00	45.00	475.
1937 D	14,146,000	—	—	—	1.75	2.50	25.00	45.00	120.	—
1937 S	9,740,000	—	—	—	1.75	2.50	18.50	45.00	120.	—
1938	22,198,728	—	—	—	1.75	2.50	12.50	30.00	50.00	320.
1938 D	5,537,000	—	—	—	1.75	2.50	25.00	30.00	50.00	—
1938 S	8,090,000	—	—	—	1.75	5.25	16.00	35.00	95.00	—
1939	67,749,321	—	—	—	1.75	2.50	12.00	25.00	85.00	270.
1939 D	29,394,000	—	—	—	1.75	2.50	12.00	25.00	50.00	—
1939 S	10,540,000	—	—	—	1.75	2.50	17.00	55.00	525.	—
1940	65,361,827	—	—	—	1.75	2.50	9.00	25.00	45.00	240.
1940 D	21,198,000	—	—	—	1.75	2.50	14.00	25.00	45.00	—
1940 S	21,560,000	—	—	—	1.75	2.50	9.00	25.00	50.00	—
1941	175,106,557	—	—	—	1.75	2.50	9.00	25.00	45.00	220.
1941 D	45,634,000	—	—	—	1.75	2.50	12.00	25.00	45.00	—
1941 S	43,090,000	—	—	—	1.75	2.50	13.00	30.00	45.00	—
1942/41	Unknown	200.	220.	240.	260.	320.	975.	6000.	9000.	—
1942	205,432,329	—	—	—	—	1.75	9.00	25.00	45.00	220.
1942 D	60,740,000	—	—	—	—	1.75	11.00	25.00	65.00	—

EDMUND'S U.S. COIN PRICES

DIMES

DATE	MINTAGE	G-4	VG-8	F-12	VF-20	EF-40	MS-60	MS-65	FSB-65	Prf-65
1942/41 D ....Unknown		210.	230.	250.	275.	350.	1150.	4500.	6500.	—
1942 S 49,300,000		—	—	—	—	1.75	23.00	30.00	65.00	—
1943 191,710,000		—	—	—	—	1.75	9.00	25.00	45.00	—
1943 D 71,949,000		—	—	—	—	1.75	9.00	30.00	45.00	—
1943 S 60,400,000		—	—	—	—	1.75	12.00	28.00	50.00	—
1944 231,410,000		—	—	—	—	1.75	9.00	25.00	75.00	—
1944 D 62,224,000		—	—	—	—	1.75	12.00	24.00	45.00	—
1944 S 49,490,000		—	—	—	—	1.75	12.00	28.00	45.00	—
1945 159,130,000		—	—	—	—	1.75	9.00	25.00	3200.	—
1945 D 40,245,000		—	—	—	—	1.75	12.00	25.00	45.00	—
1945 S 41,920,000		—	—°	—	—	1.75	12.00	28.00	110.	—
1945 S Micro S..........Inc. Above		—	—	—	—	2.25	16.00	65.00	450.	—

NOTE: The listing of FSB-65 denotes a MS-65 specimen that is fully struck with fully split horizontal bands on the fasces.

ROOSEVELT TYPE
1946 TO DATE

DIAMETER—17.9mm
WEIGHT—1946-1964 2.50 Grams
   1965 To Date 2.27 Grams
COMPOSITION —1946-1964
   .900 Silver
   .100 Copper
1965 To Date Copper Clad Issue
   .750 Copper
   ..250 Nickel Outer Layers
Pure Copper Inner Core
DESIGNER—John R. Sinnock
EDGE—Reeded
PURE SILVER CONTENT -
   1946-1964 .07234 Tr. Oz.

DATE	MINTAGE	EF-40	AU-50	MS-60	MS-65	Prf-65
1946 225,250,000		—	1.25	1.75	2.75	—
1946D 61,043,500		—	1.25	3.25	4.75	—
1946S 27,900,0001		—	1.25	4.50	5.50	—
1947 121,520,000		—	1.25	4.00	5.00	—
1947 D 46,835,000		—	1.25	8.00	10.00	—
1947 S 34,840,000		—	1.25	4.50	5.50	—
1948 74,950,000		—	1.25	4.00	6.00	—
1948 D 52,841,000		1.75	2.00	7.50	10.00	—
1948 S 35,520,000		—	1.25	7.00	9.50	—
1949 30,940,000		4.00	7.25	22.00	30.00	—
1949 D 26,034,000		1.50	2.25	10.00	13.00	—
1949 S 13,510,000		5.25	7.75	47.50	55.00	—
1950 50,181,500		—	1.15	3.75	4.75	30.00
1950 D 46,803,000		—	1.15	4.00	4.75	—
1950 S 20,440,000		—	4.00	20.00	35.00	—
1951 102,937,602		—	.90	2.25	3.50	26.00
1951 D 56,529,000		—	.90	2.00	3.50	—
1951 S 31,630,000		—	2.75	14.00	25.00	—
1952 99,122,073		—	.90	2.50	3.50	27.50
1952 D 122,100,000		—	.90	3.00	4.00	—
1952 S 44,419,500		—	1.25	5.50	7.00	—
1953 53,618,920		—	.90	2.50	3.75	26.00
1953 D 136,433,000		—	.90	2.00	3.50	—
1953 S 39,180,000		—	.90	1.50	2.25	—
1954 114,243,503		—	.90	1.35	2.25	10.00
1954 D 106,397,000		—	.90	1.50	2.25	—
1954 S 22,860,000		—	1.50	1.65	2.25	—
1955 12,828,381		—	1.15	2.00	2.75	9.00
1955 D 13,959,000		—	1.25	1.75	2.50	—
1955 S 18,510,000		—	1.15	1.50	2.50	—
1956 109,309,384		—	.90	1.40	2.00	3.00
1956 D 108,015,100		—	.90	1.25	2.00	—
1957 101,407,952		—	.90	1.25	1.50	2.50
1957 D 113,354,330		—	.90	1.25	1.50	—
1958 32,785,652		—	.90	1.50	1.75	3.00
1958 D 136,564,600		—	.90	1.25	1.75	—
1959 86,929,291		—	.90	1.25	1.50	2.00

EDMUND'S U.S. COIN PRICES

DIMES

DATE	MINTAGE	EF-40	AU-50	MS-60	MS-65	Prf-65
1959 D	164,919,790	—	.90	1.15	1.50	—
1960	72,081,602	—	.90	1.00	1.25	2.00
1960 D	200,160,400	—	—	1.00	1.25	—
1961	96,758,244	—	—	1.00	1.25	2.00
1961 D	209,146,550	—	—	1.00	1.25	—
1962	75,668,019	—	—	1.00	1.25	2.00
1962 D	334,948,380	—	—	1.00	1.25	
1963	126,725,645	—	—	1.00	1.25	2.00
1963 D	421,476,530	—	—	1.00	1.25	—
1964	933,310,762	—	—	1.00	1.25	2.00
1964 D	1,357,517,180	—	—	1.00	1.25	—

COPPER-NICKEL CLAD COINAGE

DATE	MINTAGE	MS-60	MS-65	Prf-65
1965	1,652,140,570	—	.20	—
1966	1,382,734,540	—	.20	—
1967	2,244,007,320	—	.20	—
1968	424,470,000	—	.20	—
1968 D	480,748,280	—	.20	—
1968 S	PROOF ONLY	—	—	.75
1969	145,790,000	—	.20	—
1969 D	563,323,870	—	.20	—
1969 S	PROOF ONLY	—	—	.75
1970	345,570,000	—	.20	—
1970 D	754,942,100	—	.20	—
1970 S	PROOF ONLY	—	—	.60
1971	162,690,000	—	.20	—
1971 D	377,914,240	—	.20	—
1971 S	PROOF ONLY	—	—	.60
1972	431,540,000	—	.20	—
1972 D	330,290,000	—	.20	—
1972 S	PROOF ONLY	—	—	.70
1973	315,670,000	—	.20	—
1973 D	455,032,426	—	.20	—
1973 S	PROOF ONLY	—	—	.50
1974	470,248,000	—	.20	—
1974 D	571,083,000	—	.20	—
1974 S	PROOF ONLY	—	—	.60
1975	585,673,900	—	.20	—
1975 D	313,705,300	—	.20	—
1975 S	PROOF ONLY	—	—	.60
1976	568,760,000	—	.20	—
1976 D	695,222,774	—	.20	—
1976 S	PROOF ONLY	—	—	.40
1977	796,930,000	—	.20	—
1977 D	376,607,228	—	.20	—
1977 S	PROOF ONLY	—	—	.40
1978	663,980,000	—	.20	—
1978 D	282,847,540	—	.20	—
1978 S	PROOF ONLY	—	—	.60

DIMES

DATE	MINTAGE	MS-60	MS-65	Prf-65
1979	315,440,000	—	.20	—
1979 D	390,921,184	—	.20	—
1979 S	PROOF ONLY	—	—	.70
1980 P	735,170,000	—	.20	—
1980 D	719,354,321	—	.20	—
1980 S	PROOF ONLY	—	—	.50
1981 P	676,650,000	—	.20	—
1981 D	712,284,143	—	.20	—
1981 S	PROOF ONLY	—	—	.60
1982 P	519,475,000	—	.20	—
1982 D	542,713,584	—	.20	—
1982 S	PROOF ONLY	—	—	.70
1983 P	647,025,000	—	.20	—
1983 D	730,129,224	—	.20	—
1983 S	PROOF ONLY	—	—	1.25
1984 P	856,669,000	—	.20	—
1984 D	704,803,976	—	.20	—
1984 S	PROOF ONLY	—	—	1.00
1985 P	705,200,962	—	.20	—
1985 D	587,979,970	—	.20	—
1985 S	PROOF ONLY	—	—	1.10
1986 P	682,649,693	—	.20	—
1986 D	473,326,970	—	.20	—
1986 S	PROOF ONLY	—	—	1.10
1987 P	762,709,481	—	.20	—
1987 D	653,203,402	—	.20	—
1987 S	PROOF ONLY	—	—	1.10
1988 P	1,030,550,000	—	.20	—
1988 D	962,385,489	—	.20	—
1988 S	PROOF ONLY	—	—	1.10
1989 P	1,298,400,000	—	.20	—
1989 D	896,535,597	—	.20	—
1989 S	PROOF ONLY	—	—	1.10
1990 P	—	—	.20	—
1990 D	—	—	.20	—
1990 S	PROOF ONLY	—	—	1.10
1991 P	—	—	.20	—
1991 D	—	—	.20	—
1991 S	PROOF ONLY	—	—	1.10
1992 P	—	—	.20	—
1992 D	—	—	.20	—
1992 S	PROOF ONLY	—	—	1.10

TWENTY CENT PIECES
1875-1878

DIAMETER—22mm
WEIGHT—5 Grams
COMPOSITION—.900 Silver
.100 Copper
DESIGNER— William Barber
EDGE—Plain

DATE	MINTAGE	G-4	VG-8	F-12	VF-20	EF-40	AU-50	MS-60	MS-65	Prf-65
1875	39,700	50.00	62.50	100.	160.	275.	450.	1300.	9000.	12,000.
1875 S	1,155,000	27.50	32.50	55.00	85.00	160.	400.	700.	8500.	—
1875 CC	133,290	50.00	62.50	100.	160.	285.	550.	1500.	10,000.	—
1876	15,900	95.00	130.	180.	235.	375.	600.	1550.	10,000.	12,000.
1876 CC	10,000				VERY RARE			85,000.	—	
1877	510						PROOF ONLY			25,000.
1878	600						PROOF ONLY			25,000.

EDMUND'S U.S. COIN PRICES

QUARTERS 61

QUARTER DOLLARS
1796 TO DATE
DRAPED BUST TYPE
SMALL EAGLE REVERSE
1796

DIAMETER—27.5mm
WEIGHT—6.74 Grams
COMPOSITION—.8924 Silver,
.1076 Copper
DESIGNER—Robert Scot
EDGE—Reeded

DATE	MINTAGE	G-4	VG-8	F-12	VF-20	EF-40	AU-50	MS-60	MS-65
1796	6,146	4200.	5500.	7400.	14,000.	19,000.	24,000.	30,000.	120,000.

DRAPED BUST TYPE
HERALDIC EAGLE REVERSE
1804-1807

DIAMETER—27.5mm
WEIGHT—6.74 Grams
COMPOSITION—.8924 Silver,
.1076 Copper
DESIGNER—Robert Scot
EDGE—Reeded

DATE	MINTAGE	G-4	VG-8	F-12	VF-20	EF-40	AU-50	MS-60	MS-65
1804	6,738	1000.	1600.	2600.	4200.	7000.	17,000.	24,500.	115,000.
1805	121,394	250.	300.	550.	1100.	2000.	3500.	5000.	65,000.
1806	206,124	250.	300.	550.	1100.	2000.	3500.	5000.	65,000.
1806/5	Inc. Above	275.	350.	600.	1200.	2200.	3500.	5000.	65,000.
1807	220,643	275.	350.	600.	1200.	2000.	4250.	6000.	65,000.

EDMUND'S U.S. COIN PRICES

QUARTERS

CAPPED BUST TYPE
1815-1838

VARIETY ONE - LARGE SIZE 1815-1838

DIAMETER—27mm
WEIGHT—6.74 Grams
COMPOSITION—.8924 Silver, .1076 Copper
DESIGNER—John Reich
EDGE—Reeded

DATE	MINTAGE	G-4	VG-8	F-12	VF-20	EF-40	AU-50	MS-60	MS-65
1815	89,235	65.00	80.00	110.	325.	650.	2100.	3100.	22,500.
1818	361,174	40.00	50.00	110.	325.	650.	2100.	2000.	20,000.
1818/15	Inc. Above	75.00	90.00	110.	325.	650.	2100.	3100.	22,500.
1819 Small 9	144,000	40.00	50.00	110.	275.	550.	2000.	2000.	20,000.
1819 Large 9	Inc. Above	40.00	50.00	110.	275.	550.	2000.	2000.	20,000.
1820 Small 0	127,444	40.00	50.00	110.	200.	550.	1200.	3000.	20,000.
1820 Large 0	Inc. Above	40.00	50.00	110.	200.	550.	1200.	2000.	20,000.
1821	216,851	40.00	50.00	110.	225.	550.	1200.	2000.	20,000.
1822	64,080	80.00	100.00	140.	350.	750.	1200.	2000.	20,000.
1822 25/50 C	Inc. Above	625.	875.	1300.	2800.	4500.	7500.	15,000.	25,000.
1823/22	17,800	2400.	6250.	9000.	12,000.	17,000.	—	PROOF	85,000.
1824/2	168,000	70.00	85.00	110.	200.	550.	1200.	2000.	20,000.
1825/22	Inc. Above	65.00	80.00	110.	275.	600.	1600.	2000.	20,000.
1825/23	Inc. Above	40.00	50.00	110.	275.	600.	1600.	2000.	20,000.
1825/24	Inc. Above	40.00	50.00	110.	275.	600.	1600.	2000.	20,000.
1827 Original	4,000	\multicolumn{6}{c}{March 1980, Garrett Sale PROOF-65}		190,000.
1827 Restrike	Inc. Above							PROOF	40,000.
1828	102,000	40.00	50.00	110.	425.	550.	1600.	2000.	20,000.
1828 25/50 C	Inc. Above	75.00	135.	225.	475.	600.	2100.	3200.	—

VARIETY TWO - REDUCED SIZE, NO MOTTO ON REVERSE 1831-1838

DIAMETER—24.3mm
WEIGHT—6.74 Grams
COMPOSITION—.8924 Silver, .1076 Copper
DESIGNER—William Kneass
EDGE—Reeded

DATE	MINTAGE	G-4	VG-8	F-12	VF-20	EF-40	AU-50	MS-60	MS-65
1831 Sm. Letters	398,000	25.00	35.00	50.00	125.	275.	750.	900.	18,000.
1831 Lg. Letters	Inc. Above	25.00	35.00	50.00	125.	275.	750.	900.	18,000.
1832	320,000	30.00	40.00	50.00	125.	275.	750.	900.	18,000.
1833	156,000	45.00	55.00	55.00	160.	300.	750.	900.	18,000.
1834	286,000	37.50	42.50	50.00	125.	275.	750.	900.	18,000.
1835	1,952,000	25.00	35.00	50.00	125.	275.	750.	900.	18,000.
1836	472,000	25.00	35.00	50.00	125.	275.	750.	900.	18,000.
1837	252,400	30.00	37.50	50.00	125.	275.	750.	900.	18,000.
1838	832,000	25.00	35.00	50.00	125.	275.	750.	900.	18,000.

EDMUND'S U.S. COIN PRICES

LIBERTY SEATED TYPE
1838-1891

VARIETY ONE - NO MOTTO ABOVE EAGLE 1838-1853

DIAMETER—24.3mm
WEIGHT—6.68 Grams
COMPOSITION—.900 Silver, .100 Copper
DESIGNER—Christian Gobrecht
EDGE—Reeded

DATE	MINTAGE	G-4	VG-8	F-12	VF-20	EF-40	MS-60
1838 No Drapery	Inc. Above	16.50	22.50	27.50	45.00	200.	1900.
1839 No Drapery	491,146	16.50	22.50	27.50	45.00	150.	1900.
1840 O No Drapery	425,200	16.50	22.50	27.50	45.00	150.	1900.
1840	188,127	30.00	45.00	80.00	170.	325.	2600.
1840 O	Inc. Above	30.00	45.00	80.00	125.	215.	1700.
1841	120,000	70.00	45.00	140.	185.	375.	1100.
1841 O	452,000	27.50	52.50	80.00	110.	215.	1000.
1842 Sm. Date	88,000				PROOF ONLY		35,000.
1842 Lg. Date	Inc. Above	100.	145.	200.	265.	375.	2650.
1842 O Sm. Date	769,000	425.	525.	750.	1100.	2100.	—
1842 O Lg. Date	Inc. Above	27.50	37.50	55.00	80.00	150.	—
1843	645,600	10.00	12.00	15.00	35.00	85.00	325.
1843 O	968,000	22.50	45.00	75.00	100.	185.	—
1844	421,200	10.00	12.00	15.00	35.00	115.	325.
1844 O	740,000	10.00	12.00	15.00	35.00	100.	1150.
1845	922,000	10.00	12.00	15.00	35.00	100.	325.
1846	510,000	10.00	12.00	15.00	35.00	95.00	325.
1847	734,000	10.00	12.00	15.00	35.00	95.00	375.
1847 O	368,000	32.50	52.50	80.00	165.	275.	750.
1848	146,000	45.00	75.00	125.	185.	350.	750.
1849	340,000	25.00	40.00	60.00	100.	165.	625.
1849 O	Inc. w/1850 O	450.	625.	950.	2100.	3850.	—
1850	190,800	37.50	55.00	85.00	100.	185.	975.
1850 O	412,000	27.50	55.00	80.00	110.	185.	1050.
1851	160,000	45.00	70.00	95.00	125.	235.	975.
1851 O	88,000	185.	240.	375.	575.	1250.	—
1852	177,060	45.00	70.00	95.00	125.	235.	900.
1852 O	96,000	240.	375.	475.	675.	1150.	—
1853 Recut Date	44,200	185.	300.	375.	500.	675.	4250.

QUARTERS

VARIETY TWO - ARROWS AT DATE
RAYS AROUND EAGLE 1853

DIAMETER—24.3mm
WEIGHT—6.22 Grams
COMPOSITION—.900 Silver
　　　　　　　　.100 Copper
DESIGNER—Christian Gobrecht
EDGE—Reeded

DATE	MINTAGE	G-4	VG-8	F-12	VF-20	EF-40	MS-60
1853	15,210,020	11.00	14.00	17.50	37.50	130.	1000.
1853/4	Inc. Above	55.00	110.	160.	375.	550.	2000.
1853 O	1,332,000	20.00	32.50	45.00	80.00	200.	3000.

VARIETY THREE - ARROWS AT DATE, NO RAYS 1854-1855

1854	12,380,000	9.00	11.00	14.00	27.50	110.	450.	16,000.
1854 O	1,484,000	15.00	25.00	37.50	55.00	125.	2600.	—
1854 O Huge O	Inc. Above	160.	265.	375.	750.	1250.	—	—
1855	2,857,000	9.00	11.00	14.00	30.00	110.	450.	16,000.
1855 O	176,000	42.50	57.50	85.00	160.	375.	1900.	—
1855 S	396,400	30.00	45.00	75.00	130.	325.	1800.	—

VARIETY ONE RESUMED 1856-1866

1856	7,264,000	9.00	11.00	14.00	22.50	55.00	375.	16,000.
1856 O	968,000	22.50	32.50	47.50	7.00	150.	850.	—
1856 S	286,000	37.50	57.50	80.00	165.	275.	—	—
1856 S/S	Inc. Above	110.	160.	425.	750.	1600.	—	—
1857	9,644,000	9.00	11.00	14.00	22.50	55.00	375.	16,000.
1857 O	1,180,000	9.00	11.00	14.00	22.50	60.00	925.	—
1857 S	82,000	52.50	80.00	180.	275.	475.	—	—
1858	7,368,000	9.00	11.00	14.00	22.50	55.00	375.	12,500.
1858 O	520,000	22.50	32.50	47.50	70.00	150.	900.	—
1858 S	121,000	32.50	37.50	150.	240.	300.	—	—
1859	1,344,000	9.00	11.00	14.00	22.50	55.00	375.	7500.
1859 O	260,000	37.50	57.50	85.00	125.	240.	925.	—
1959 S	80,000	52.50	90.00	160.	235.	450.	—	—
1860	805,400	9.00	11.00	14.00	22.50	55.00	925.	7500.
1860 O	388,000	27.50	37.50	55.00	80.00	175.	950.	—
1860 S	56,000	80.00	135.	240.	425.	650.	—	—
1861	4,854,600	9.00	11.00	14.00	22.50	55.00	375.	7500.
1861 S	96,000	27.50	32.50	65.00	85.00	240.	2700.	—
1862	932,550	9.00	22.50	15.00	67.50	135.	375.	7500.
1862 S	67,000	45.00	70.00	165.	250.	350.	—	—
1863	192,060	25.00	30.00	40.00	70.00	140.	800.	7500.
1864	94,070	55.00	70.00	100.	150.	375.	950.	7500.
1864 S	20,000	160.	215.	375.	525.	1900.	—	—
1865	59,300	55.00	70.00	100.	150.	275.	1300.	7500.
1865 S	41,000	65.00	90.00	150.	275.	500.	2100.	—
1866	UNIQUE				Not Issued For Circulation			

EDMUND'S U.S. COIN PRICES

QUARTERS

VARIETY FOUR - MOTTO ABOVE EAGLE 1866-1873

DIAMETER—24.3mm
WEIGHT—6.22 Grams: COMPOSITION—.900 Silver
.100 Copper DESIGNER—Christian Gobrecht
EDGE—Reeded

DATE	MINTAGE	G-4	VG-8	F-12	VF-20	EF-40	MS-60	Prf-65
1866	17,525	190.	265.	325.	450.	725.	1350.	7000.
1866 S	28,000	135.	200.	325.	475.	775.	—	—
1867	20,625	125.	150.	215.	275.	475.	1250.	7000.
1867 S	48,000	65.00	90.00	175.	275.	425.	3150.	—
1868	30,000	100.	130.	200.	265.	375.	1150.	7000.
1868 S	96,000	27.50	37.50	75.00	130.	215.	2250.	—
1869	16,600	190.	240.	325.	425.	725.	1350.	7000.
1869 S	76,000	115.	160.	240.	350.	475.	—	—
1870	87,400	45.00	70.00	175.	250.	190.	950.	6800.
1870 CC	8,340	875.	1450.	2400.	3000.	4000.	—	—
1871	119,160	14.00	25.00	37.50	65.00	125.	950.	6800.
1871 CC	10,890	475.	675.	1050.	1600.	2500.	—	—
1871 S	30,900	160.	285.	475.	575.	900.	3000.	—
1872	182,950	13.00	15.00	32.50	60.00	125.	950.	6800.
1872 CC	22,850	225.	375.	525.	800.	2100.	—	—
1872 S	83,000	160.	285.	400.	500.	750.	4500.	—
1873 Closed 3	212,600	70.00	90.00	185.	230.	375.	—	6800.
1873 Open 3	Inc. Above	32.50	42.50	65.00	125.	215.	600.	—
1873 CC	4,000	New England April 1980 Auction 205,000.						

VARIETY FIVE - ARROWS AT DATE 1873-1874

DIAMETER—24.3mm
WEIGHT—6.25 Grams
COMPOSITION—.900 Silver, .100 Copper
DESIGNER—Christian Gobrecht
EDGE—Reeded

DATE	MINTAGE	G-4	VG-8	F-12	VF-20	EF-40	MS-60	Prf-65
1873	1,271,700	20.00	40.00	60.00	100.	180.	900.	10,000.
1873 CC	12,462	1200.	1600.	2300.	3400.	5250.	—	—
1873 S	156,000	27.50	70.00	100.	185.	265.	900.	—
1874	471,900	16.00	27.50	37.50	70.00	200.	900.	10,000.
1874 S	392,000	25.00	37.50	62.50	130.	265.	900.	—

VARIETY FOUR RESUMED 1875-1891

1875	4,293,500	8.00	10.00	12.00	20.00	70.00	375.	4250.
1875 CC	140,000	45.00	60.00	125.	215.	375.	1500.	—
1875 S	680,000	17.50	27.50	42.50	70.00	110.	375.	—
1876	17,817,150	8.00	10.00	12.00	20.00	70.00	375.	4250.
1876 CC	4,994,000	8.00	10.00	12.00	20.00	85.00	375.	—

EDMUND'S U.S. COIN PRICES

QUARTERS

DATE	MINTAGE	G-4	VG-8	F-12	VF-20	EF-40	MS-60	Prf-65
1876 S	8,596,000	8.00	10.00	12.00	20.00	70.00	375.	—
1877	10,911,710	8.00	10.00	12.00	20.00	70.00	375.	4000.
1877 CC	4,192,000	12.00	17.50	27.50	52.50	110.	850.	—
1877 S	8,996,000	12.00	17.50	27.50	47.50	85.00	375.	—
1877 Over Horizontal S	Inc. Above	47.50	75.00	110.	215.	400.	1300.	—
1878	2,260,800	15.00	17.50	22.50	42.50	80.00	375.	4000.
1878 CC	996,000	25.00	40.00	60.00	80.00	140.	375.	—
1878 S	140,000	37.50	55.00	95.00	135.	240.	1400.	—
1879	14,700	85.00	105.	140.	215.	375.	600.	4000.
1880	14,955	85.00	105.	140.	215.	240.	600.	4000.
1881	12,975	115.	140.	170.	245.	425.	600.	4000.
1882	16,300	115.	140.	170.	245.	425.	600.	4000.
1883	15,439	115.	140.	170.	245.	375.	600.	4000.
1884	8,875	140.	200.	240.	315.	525.	650.	4000.
1885	14,530	115.	140.	175.	245.	400.	600.	4000.
1886	5,886	215.	265.	315.	375.	675.	725.	4000.
1887	10,710	115.	140.	170.	245.	375.	675.	4000.
1888	10,833	115.	140.	175.	245.	375.	600.	4000.
1888 S	1,216,000	15.00	17.50	25.00	40.00	75.00	375.	—
1889	12,711	115.	140.	170.	245.	375.	550.	4000.
1890	80,590	45.00	60.00	75.00	100.	200.	550.	4000.
1891	3,920,600	12.00	17.50	25.00	40.00	75.00	375.	4000.
1891 O	68,000	115.	140.	225.	375.	600.	—	—
1891 S	2,216,000	16.00	20.00	25.00	45.00	85.00	375.	—

BARBER TYPE
1892-1916

DIAMETER—24.3mm
WEIGHT—6.25 Grams
COMPOSITION—.900 Silver, .100 Copper
DESIGNER—Charles E. Barber
EDGE—Reeded
PURE SILVER CONTENT—.18084 Tr. Oz.

DATE	MINTAGE	G-4	VG-8	F-12	VF-20	EF-40	AU-50	MS-60	MS-65	Prf-65
1892	8,237,245	3.00	4.50	9.00	30.00	70.00	135.	220.	1750.	3000.
1892 O	2,640,000	4.50	8.00	14.00	35.00	72.50	145.	280.	2400.	—
1892 S	964,079	12.00	20.00	35.00	57.50	110.	185.	400.	8000.	—
1893	5,484,838	3.50	5.00	10.00	32.00	70.00	140.	220.	4000.	3000.
1893 O	3,396,000	3.50	7.00	12.50	37.50	72.50	145.	275.	5700.	—
1893 S	1,454,535	7.50	12.00	22.50	45.00	85.00	160.	400.	7250.	—
1894	3,432,972	3.00	6.00	11.00	32.50	70.00	140.	220.	2800.	3000.
1894 O	2,852,000	3.50	7.00	16.00	40.00	75.00	150.	325.	6400.	—
1894 S	2,648,821	3.25	6.50	15.00	37.50	75.00	150.	325.	7250.	—
1895	4,440,880	3.00	5.00	9.00	30.00	70.00	135.	220.	8000.	3000.
1895 O	2,816,000	4.00	6.00	15.00	38.00	75.00	150.	375.	5750.	—
1895 S	1,764,681	5.00	10.00	22.00	42.50	80.00	1150.	360.	7000.	—
1896	3,874,762	3.00	6.00	11.00	30.00	70.00	135.	225.	5300.	3000.
1896 O	1,484,000	3.50	9.00	17.50	47.50	100.	400.	800.	9200.	—
1896 S	188,039	225.	300.	450.	800.	1600.	2400.	3400.	17,500.	—
1897	8,140,731	2.00	3.50	8.00	28.00	65.00	135.	200.	2300.	3000.

QUARTERS

DATE	MINTAGE	G-4	VG-8	F-12	VF-20	EF-40	AU-50	MS-60	MS-65	Prf-65
1897 O	1,414,800	5.00	8.00	19.00	50.00	95.00	235.	800.	5600.	—
1897 S	542,229	9.00	14.00	30.00	60.00	125.	275.	460.	6700.	—
1898	11,100,735	1.75	2.25	8.00	28.00	65.00	135.	200.	1750.	3000.
1898 O	1,868,000	4.00	8.00	19.00	38.50	75.00	150.	500.	8900.	—
1898 S	1,020,592	4.00	7.50	13.00	32.50	65.00	145.	360.	4250.	—
1899	12,624,846	1.75	2.25	8.00	28.00	65.00	135.	200.	1750.	3000.
1899 O	2,644,000	3.00	7.50	15.00	36.50	75.00	150.	380.	6400.	—
1899 S	708,000	6.00	13.00	27.50	45.00	85.00	185.	360.	5750.	—
1900	10,016,912	2.00	4.00	8.50	30.00	65.00	135.	200.	1750.	3000.
1900 O	3,416,000	4.50	9.00	20.00	42.50	82.50	160.	400.	7250.	—
1900 S	1,858,585	3.50	5.50	10.00	30.00	65.00	140.	325.	6000.	—
1901	8,892,813	2.25	4.00	10.00	30.00	67.50	140.	200.	1750.	3000.
1901 O	1,612,000	9.00	16.00	42.50	75.00	145.	235.	775.	7400.	—
1901 S	72,664	750.	1200.	1800.	2600.	4500.	6000.	10,500.	68,000.	—
1902	12,197,744	2.00	3.00	7.50	28.00	65.00	135.	200.	1750.	3000.
1902 O	4,748,000	3.00	6.00	12.00	35.00	72.50	145.	375.	6750.	—
1902 S	1,524,612	6.00	10.00	17.00	42.50	85.00	160.	375.	5850.	—
1903	9,670,064	2.00	3.50	8.00	30.00	65.00	135.	200.	1750.	3000.
1903 O	3,500,000	3.50	5.00	10.00	35.00	75.00	160.	285.	7300.	—
1903 S	1,036,000	6.00	10.00	20.00	45.00	90.00	195.	375.	3200.	—
1904	9,588,813	2.00	3.50	8.00	30.00	65.00	135.	200.	1750.	3000.
1904 O	2,456,000	4.00	6.50	16.00	42.50	100.	185.	700.	3800.	—
1905	4,968,250	2.25	3.75	9.00	30.00	65.00	135.	210.	1750.	3000.
1905 O	1,230,000	4.50	9.00	18.00	45.00	115.	175.	375.	6750.	—
1905 S	1,884,000	3.50	7.50	12.00	35.00	75.00	145.	300.	6400.	—
1906	3,656,435	3.00	5.00	9.50	32.50	70.00	140.	220.	1750.	3000.
1906 D	3,280,000	3.50	6.50	12.50	35.00	75.00	145.	220.	6000.	—
1906 O	2,056,000	4.50	8.00	13.50	37.50	78.00	155.	260.	2600.	—
1907	7,192,575	1.75	3.00	8.50	30.00	65.00	130.	200.	2350.	3000.
1907 D	2,484,000	3.75	7.00	13.00	35.00	75.00	145.	230.	6200.	—
1907 O	4,560,000	2.75	5.00	9.50	32.50	70.00	140.	260.	6500.	—
1907 S	1,360,000	3.00	6.50	12.50	35.00	75.00	145.	375.	6600.	—
1908	4,232,545	2.25	3.50	8.50	30.00	67.50	135.	210.	1750.	3000.
1908 D	5,788,000	2.00	3.25	8.00	28.00	65.00	130.	210.	1750.	—
1908 O	6,244,000	2.00	3.25	8.00	28.00	65.00	130.	210.	5000.	—
1908 S	784,000	4.00	7.50	15.00	40.00	85.00	185.	600.	8000.	—
1909	9,268,650	1.75	2.75	7.50	28.00	65.00	130.	200.	1750.	3000.
1909 D	5,114,000	1.75	2.75	7.50	28.00	65.00	130.	210.	3600.	—
1909 O	712,000	6.00	11.00	27.00	75.00	145.	210.	600.	17,500.	—
1909 S	1,348,000	2.00	3.50	8.00	32.50	70.00	140.	285.	1750.	—
1910	2,244,551	2.50	5.00	9.00	32.50	70.00	140.	200.	2400.	3000.
1910 D	1,500,000	4.00	7.50	10.00	38.50	80.00	145.	290.	3750.	—
1911	3,720,543	2.25	3.50	9.00	32.50	70.00	140.	200.	1750.	3000.
1911 D	933,600	3.00	10.00	20.00	42.50	90.00	160.	540.	6750.	—
1911 S	988,000	3.00	6.50	16.00	37.50	82.50	145.	300.	2500.	—
1912	4,400,700	2.00	3.00	7.50	30.00	67.50	135.	200.	1750.	3000.
1912 S	708,000	3.00	5.00	13.50	35.00	80.00	150.	360.	3100.	—
1913	484,613	5.50	11.00	35.00	110.	325.	700.	1200.	7300.	4500.
1913 D	1,450,800	3.00	6.00	11.00	40.00	85.00	150.	270.	2700.	—
1913 S	40,000	300.	400.	675.	1100.	1800.	3000.	4600.	10,000.	—
1914	6,244,610	1.75	2.75	7.00	28.00	65.00	130.	200.	1750.	4500.

EDMUND'S U.S. COIN PRICES

QUARTERS

DATE	MINTAGE	G-4	VG-8	F-12	VF-20	EF-40	AU-50	MS-60	MS-65	Prf-65
1914 D	3,046,000	2.00	3.00	7.50	28.00	67.50	135.	200.	1750.	—
1914 S	264,000	15.00	25.00	40.00	75.00	150.	290.	800.	5750.	—
1915	3,480,450	2.00	3.50	7.50	30.00	65.00	135.	200.	1750.	4500.
1915 D	3,694,000	2.00	3.00	8.00	29.00	65.00	130.	200.	1750.	—
1915 S	704,000	3.00	5.00	13.00	42.50	87.50	150.	260.	3000.	—
1916	1,788,000	2.00	3.00	8.00	30.00	67.50	135.	210.	1750.	—
1916 D	6,540,800	1.75	3.00	6.50	28.00	65.00	130.	200.	1750.	—

STANDING LIBERTY TYPE
1916-1930

VARIETY ONE
1916-1917

DIAMETER—24.3mm
WEIGHT—6.25 Grams
COMPOSITION—.900 Silver, .100 Copper
DESIGNER—Herman A. MacNeil
EDGE—Reeded
PURE SILVER CONTENT—.18084 Tr. Oz.

DATE	MINTAGE	G-4	VG-8	F-12	VF-20	EF-40	AU-50	MS-60	MS-65	FH-65
1916	52,000	950.	1150.	1600.	2000.	2750.	4000.	4600.	13,500.	22,000.
1917	8,792,000	10.00	12.00	15.00	24.00	55.00	110.	175.	900.	1100.
1917 D	1,509,200	16.00	20.00	25.00	50.00	100.	130.	200.	1050.	1400.
1917 S	1,952,000	15.00	18.00	22.50	45.00	90.00	140.	225.	1200.	1500.

NOTE: For both varieties of this type, FH-65 denotes a MS-65 specimen with Liberty's Head fully struck. Starting in 1925 the date was recessed to help prevent wear.

VARIETY TWO
1917-1930

DIAMETER—24.3mm
WEIGHT—6.25 Grams
COMPOSITION—.900 Silver, .100 Copper
DESIGNER—Herman A. MacNeil
EDGE—Reeded
PURE SILVER CONTENT—.18084 Tr. Oz.

DATE	MINTAGE	G-4	VG-8	F-12	VF-20	EF-40	AU-50	MS-60	MS-65	FH-65
1917	13,880,000	8.50	12.00	17.50	27.50	46.00	75.00	120.	575.	1000.
1917 D	6,224,400	14.00	18.50	28.00	37.50	57.50	85.00	165.	1150.	2600.
1917 S	5,522,000	14.50	20.00	29.00	38.00	59.00	87.50	165.	1100.	2750.
1918	14,240,000	13.00	22.00	26.50	32.50	47.50	75.00	150.	575.	1000.
1918 D	7,380,000	16.50	22.00	32.50	47.50	80.00	130.	200.	1500.	4250.
1918 S	11,072,000	15.00	17.50	18.50	32.00	50.00	85.00	150.	1600.	17,000.
1918 S/17	Inc. Above	1400.	1600.	2000.	2750.	4500.	7500.	9000.	50,000.	80,000.
1919	11,324,000	26.50	32.50	37.50	45.00	65.00	95.00	150.	575.	1050.
1919 D	1,944,000	42.50	65.00	100.	135.	235.	340.	500.	2400.	20,000.
1918 S	1,836,000	42.50	57.50	95.00	130.	235.	325.	425.	3500.	18,500.
1920	27,860,000	11.00	14.00	16.50	22.00	45.00	80.00	125.	560.	1050.
1920 D	3,586,400	22.50	29.00	45.00	67.50	115.	185.	225.	1900.	5000.

EDMUND'S U.S. COIN PRICES

QUARTERS

DATE	MINTAGE	G-4	VG-8	F-12	VF-20	EF-40	AU-50	MS-60	MS-65	FH-65
1920 S	6,380,000	13.00	17.50	24.00	32.50	52.50	85.00	135.	2200.	20,000.
1921	1,916,000	52.50	80.00	120.	150.	215.	300.	425.	2150.	3000.
1923	9,716,000	13.00	15.00	17.50	22.00	45.00	80.00	130.	550.	1550.
1923 S	1,360,000	65.00	85.00	135.	160.	235.	350.	550.	1650.	3000.
1924	10,920,000	13.00	15.00	16.50	21.00	42.50	77.50	130.	550.	1025.
1924 D	3,112,000	20.00	30.00	42.50	65.00	95.00	135.	150.	550.	7250.
1924 S	2,860,000	13.00	16.50	26.00	35.00	57.50	85.00	150.	2000.	4900.

RECESSED DATE STYLE 1925-1930

DATE	MINTAGE	G-4	VG-8	F-12	VF-20	EF-40	AU-50	MS-60	MS-65	FH-65
1925	12,280,000	2.50	4.75	8.50	13.00	37.50	65.00	120.	550.	1025.
1926	11,316,000	2.50	4.75	8.50	13.00	37.50	65.50	120.	600.	1150.
1926 D	1,716,000	6.25	9.50	14.00	32.50	65.00	95.00	120.	675.	12,500.
1926 S	2,700,000	3.25	4.75	9.50	22.00	52.50	110.	175.	3400.	12,500.
1927	11,912,000	2.50	4.75	8.50	13.00	37.50	65.00	120.	550.	1025.
1927 D	976,400	7.00	11.00	17.50	37.00	70.00	110.	300.	550.	3000.
1927 S	396,000	9.00	12.00	40.00	120.	450.	950.	1500.	9500.	20,000.
1928	6,336,000	2.50	4.75	6.00	13.00	37.50	65.00	120.	600.	1050.
1928 D	1,627,600	4.50	5.50	9.50	15.00	42.50	85.00	135.	550.	4400.
1928 S	2,644,000	3.50	5.25	9.50	14.00	40.00	75.00	120.	550.	1025.
1929	11,140,000	2.50	4.75	6.00	13.00	37.50	65.00	110.	550.	1025.
1929 D	1,358,000	4.50	5.50	7.00	16.50	45.00	90.00	130.	550.	4200.
1929 S	1,764,000	4.00	5.25	6.50	16.50	45.00	90.00	110.	550.	1025.
1930	5,632,000	2.50	4.75	6.00	13.00	37.50	65.00	110.	550.	1025.
1930 S	1,556,000	4.00	5.25	6.50	15.00	42.50	75.00	130.	550.	1050.

WASHINGTON TYPE
1932 TO DATE

DIAMETER—24.3mm
WEIGHT - 1932-1964—6.25 Grams,
   1965 To Date 5.67 Grams
COMPOSITION - 1932-1964—.900 Silver,
   .100 Copper, 1965 To Date Copper Clad Issue,
   .750 Copper, .250 Nickel Outer Layers,
   Pure Copper Inner Core
DESIGNER—John Flanagan
EDGE—Reeded
PURE SILVER CONTENT - 1932-1964—.18084 Tr. Oz.

DATE	MINTAGE	G-4	VG-8	F-12	VF-20	EF-40	MS-60	MS-65	Prf-65
1932	5,404,000	3.25	3.50	5.00	7.00	10.00	25.00	375.	—
1932 D	436,800	45.00	50.00	75.00	115.	185.	450.	5500.	—
1932 S	408,000	40.00	45.00	55.00	75.00	110.	250.	4000.	—
1934	31,912,052	2.25	2.50	7.00	8.00	11.00	52.50	120.	—
1934 D	3,527,200	2.25	2.50	8.00	13.00	22.00	75.00	675.	—
1935	32,484,000	2.25	2.50	7.00	8.00	11.00	36.00	120.	—
1935 D	5,780,000	2.25	2.50	8.00	12.50	20.00	75.00	470.	—
1935 S	5,660,000	2.25	2.50	7.50	11.00	12.50	65.00	265.	—
1936	41,303,837	2.25	2.50	7.00	8.50	11.00	25.00	100.	1000.
1936 D	5,374,000	2.25	2.50	8.00	15.00	37.50	200.	1150.	—
1936 S	3,828,000	2.25	2.50	7.50	10.00	12.50	60.00	230.	—

QUARTERS

DATE	MINTAGE	G-4	VG-8	F-12	VF-20	EF-40	MS-60	MS-65	Prf-65
1937	19,701,542	2.25	2.50	7.00	8.00	10.00	27.50	115.	270.
1937 D	7,189,600	2.25	2.50	7.50	10.00	12.00	35.00	140.	—
1937 S	1,652,000	7.00	8.00	10.00	15.00	22.00	100.	435.	—
1938	9,480,045	2.25	2.50	4.50	12.00	16.50	65.00	170.	170.
1938 S	2,832,000	6.00	6.50	7.50	11.50	12.50	50.00	285.	—
1939	33,548,795	2.25	2.50	3.50	8.00	10.00	15.00	55.00	170.
1939 D	7,092,000	2.25	2.50	3.50	10.00	12.00	27.50	100.	—
1939 S	2,628,000	6.00	6.50	7.50	11.00	12.50	55.00	285.	—
1940	35,715,246	2.25	2.50	3.50	8.00	10.00	15.00	50.00	125.
1940 D	2,797,600	2.25	2.50	7.50	10.00	15.00	70.00	100.	—
1940 S	8,244,000	2.25	2.50	3.50	8.00	10.00	17.50	50.00	—
1941	79,047,287	—	—	—	—	3.50	8.00	36.00	125.
1941 D	16,714,800	—	—	—	—	3.50	25.00	62.50	—
1941 S	16,080,000	—	—	—	—	3.50	22.50	62.50	—
1942	102,117,123	—	—	—	—	3.50	6.00	32.00	120.
1942 D	17,487,200	—	—	—	—	3.50	15.00	45.00	—
1942 S	19,384,000	—	—	—	—	3.50	37.50	200.	—
1943	99,700,000	—	—	—	—	3.50	6.50	32.00	—
1943 D	16,095,600	—	—	—	—	3.50	15.00	42.50	—
1943 S	21,700,000	—	—	—	—	3.50	27.50	110.	—
1944	104,956,000	—	—	—	—	3.50	5.00	24.00	—
1944 D	14,600,800	—	—	—	—	3.50	12.50	38.00	—
1944 S	12,560,000	—	—	—	—	3.50	12.50	38.00	—
1945	74,372,000	—	—	—	—	3.50	5.00	27.50	—
1945 D	12,341,600	—	—	—	—	3.50	8.00	27.50	—
1945 S	17,004,001	—	—	—	—	3.50	8.00	27.50	—
1946	53,436,000	—	—	—	—	3.50	4.50	7.50	—
1946 D	9,072,800	—	—	—	—	3.50	7.00	9.50	—
1946 S	4,204,000	—	—	—	—	5.50	7.50	12.50	—
1947	22,556,000	—	—	—	—	3.50	8.00	11.50	—
1947 D	15,338,400	—	—	—	—	3.50	8.00	12.00	—
1947 S	5,532,000	—	—	—	—	4.00	7.50	14.00	—
1948	35,196,000	—	—	—	—	3.50	4.50	7.00	—
1948 D	16,766,800	—	—	—	—	3.50	7.00	11.50	—
1948 S	15,960,000	—	—	—	—	3.50	7.50	13.00	—
1949	9,312,000	—	—	—	—	3.50	24.00	32.50	—
1949 D	10,068,400	—	—	—	—	3.50	12.00	15.00	—
1950	24,971,512	—	—	—	—	3.50	5.50	7.00	55.00
1950 D	21,075,600	—	—	—	—	3.50	5.00	6.00	—
1950 D D/S	Inc. Above	8.50	16.50	37.50	55.00	135.	350.	700.	—
1950 S	10,284,004	—	—	—	—	3.50	8.50	11.00	—
1950 S S/D	Inc. Above	8.50	16.50	37.50	55.00	170.	525.	850.	—
1951	43,505,602	—	—	—	—	3.50	5.00	5.50	40.00
1951 D	35,354,800	—	—	—	—	3.50	4.50	5.00	—
1951 S	9,048,000	—	—	—	—	3.50	10.00	14.00	—
1952	38,862,073	—	—	—	—	3.50	4.50	5.00	32.00
1952 D	49,795,200	—	—	—	—	3.50	4.50	6.00	—
1952 S	13,707,800	—	—	—	—	3.50	7.50	10.00	—
1953	18,664,920	—	—	—	—	3.50	4.75	5.50	27.00
1953 D	56,112,400	—	—	—	—	3.50	4.50	5.50	—
1953 S	14,016,000	—	—	—	—	3.50	5.00	6.00	—

QUARTERS

DATE	MINTAGE	G-4	VG-8	F-12	VF-20	EF-40	MS-60	MS-65	Prf-65
1954	54,645,503	—	—	—	—	3.50	4.50	5.25	14.00
1954 D	42,305,500	—	—	—	—	3.50	4.00	5.00	—
1954 S	11,834,722	—	—	—	—	3.00	5.50	6.00	—
1955	18,558,381	—	—	—	—	3.00	3.50	4.00	11.00
1955 D	3,182,400	—	—	—	—	3.00	4.75	5.50	—
1956	44,813,384	—	—	—	—	3.00	3.50	3.75	7.00
1956 D	32,334,500	—	—	—	—	3.00	3.50	3.75	—
1957	47,779,952	—	—	—	—	3.00	3.25	3.50	4.50
1957 D	77,924,160	—	—	—	—	3.00	3.25	3.50	—
1958	7,235,652	—	—	—	—	3.00	4.00	4.25	8.00
1858 D	78,124,900	—	—	—	—	3.00	3.25	3.50	—
1959	25,533,291	—	—	—	—	—	3.00	3.25	4.00
1959 D	62,054,232	—	—	—	—	—	3.00	3.25	—
1960	30,855,602	—	—	—	—	—	3.00	3.25	4.00
1960 D	63,000,324	—	—	—	—	—	3.00	3.35	—
1961	40,064,244	—	—	—	—	—	3.00	3.25	3.50
1961 D	83,656,928	—	—	—	—	—	3.00	3.25	—
1962	39,374,019	—	—	—	—	—	3.00	3.25	3.50
1962 D	127,554,756	—	—	—	—	—	3.00	3.25	—
1963	77,391,645	—	—	—	—	—	3.00	3.25	3.50
1963 D	135,288,184	—	—	—	—	—	3.00	3.25	—
1964	564,341,347	—	—	—	—	—	3.00	3.25	3.50
1964 D	704,135,528	—	—	—	—	—	4.75	5.00—	

COPPER-NICKEL CLAD COINAGE

DATE	MINTAGE	MS-65	Prf-65
1965	1,819,717,540	.80	—
1966	821,101,500	.80	—
1967	1,524,031,848	.80	—
1968	220,731,500	.80	—
1968 D	101,534,000	1.00	—
1968 S	PROOF ONLY	—	.75
1969	176,212,000	.50	—
1969 D	114,372,000	1.25	—
1969 S	PROOF ONLY	—	.75
1970	136,420,000	.50	—
1970 D	417,341,364	.50	—
1970 S	PROOF ONLY	—	1.00
1971	109,284,000	.50	—
1971 D	258,634,428	.50	—
1971 S	PROOF ONLY	—	.75
1972	215,048,000	.50	—
1972 D	311,067,732	.50	—
1972 S	PROOF ONLY	—	.75
1973	346,924,000	.50	—
1973 D	232,977,400	.50	—
1973 S	PROOF ONLY	—	.75
1974	801,456,000	.50	—
1974 D	353,160,300	.50	—
1974 S	PROOF ONLY	—	.75
1977	468,566,000	.50	—

EDMUND'S U.S. COIN PRICES

QUARTERS

DATE	MINTAGE	MS-65	Prf-65
1977 D	258,898,212	.50	—
1977 S	PROOF ONLY	—	.75
1978	521,452,000	.50	—
1978 D	287,373,152	.50	—
1978 S	PROOF ONLY	—	.75
1979	515,708,000	.50	—
1979 D	489,789,780	.50	—
1979 S	PROOF ONLY	—	.75
1980 P	635,832,000	.50	—
1980 D	518,327,487	.50	—
1980 S	PROOF ONLY	—	.75
1981 P	601,716,000	.50	—
1981 D	575,722,833	.50	—
1981 S	PROOF ONLY	—	.75
1982 P	500,931,000	.50	—
1982 D	480,042,788	.50	—
1982 S	PROOF ONLY	—	.75
1983 P	673,535,000	.50	—
1983 D	617,806,446	.50	—
1983 S	PROOF ONLY	—	1.00
1984 P	676,545,000	.50	—
1984 D	546,483,064	.50	—
1984 S	PROOF ONLY	—	1.00
1985 P	775,818,962	.50	—
1985 D	519,962,888	.50	—
1985 S	PROOF ONLY	—	1.00
1986 P	551,199,333	.50	—
1986 D	504,298,660	.50	—
1986 S	PROOF ONLY	—	1.00
1987 P	582,499,481	.50	—
1987 D	655,594,696	.50	—
1987 S	PROOF ONLY	—	1.00
1988 P	562,052,000	.50	—
1988 D	596,810,688	.50	—
1988 S	PROOF ONLY	—	1.00
1989 P	512,868,000	.50	—
1989 D	896,535,597	.50	—
1989 S	PROOF ONLY	—	1.00
1990 P	—	.50	—
1990 D	—	.50	—
1990 S	PROOF ONLY	—	1.00
1991 P	—	.50	—
1991 D	—	.50	—
1991 S	PROOF ONLY	—	1.00
1992 P	—	.50	—
1992 D	—	.50	—
1992 S	PROOF ONLY	—	1.00

HALF DOLLARS 73

HALF DOLLARS
1794 TO DATE
FLOWING HAIR TYPE
1794-1795

DIAMETER—32.5mm
WEIGHT—13.48 Grams
COMPOSITION—.8924 Silver,
 .1076 Copper
DESIGNER—Robert Scot
EDGE—FIFTY CENTS
 OR HALF A DOLLAR
 With Decorations Between Words

DATE	MINTAGE	G-4	VG-8	F-12	VF-20	EF-40	MS-60
1794	23,464	1200.	1800.	2700.	4000.	7000.	—
1795	299,680	450.	550.	850.	1900.	3500.	14,000.
1795 Recut Date	Inc. Above	575.	650.	950.	2000.	3250.	—
1795 3-Leaves	Inc. Above	1800.	2400.	3250.	5750.	10,000.	—

DRAPED BUST TYPE
SMALL EAGLE REVERSE
1796-1797

DIAMETER—32.5mm
WEIGHT—13.48 Grams
COMPOSITION—.8924 Silver,
 .1076 Copper
DESIGNER—Robert Scot
EDGE—FIFTY CENTS
 OR HALF A DOLLAR
 With Decorations Between Words

DATE	MINTAGE	G-4	VG-8	F-12	VF-20	EF-40	MS-60
1796 15 Stars	3,918	10,000.	12,000.	16,500.	27,500.	40,000.	—
1796 16 Stars	Inc. Above	10,000.	12,000.	16,500.	27,500.	40,000.	—
1797	Inc. Above	10,000.	12,000.	16,500.	27,500.	40,000.	—

DRAPED BUST TYPE
HERALDIC EAGLE REVERSE
1801-1807

DIAMETER—32.5mm
WEIGHT—13.48 Grams
COMPOSITION—.8924 Silver,
 .1076 Copper
DESIGNER—Robert Scot
EDGE—FIFTY CENTS
 OR HALF A DOLLAR
 With Decorations Between Words

EDMUND'S U.S. COIN PRICES

HALF DOLLARS

DATE	MINTAGE	G-4	VG-8	F-12	VF-20	EF-40	MS-60
1801	30,289	140.	350.	700.	1000.	1300.	9750.
1802	29,890	165.	375.	700.	1000.	1300.	9500.
1803 Small 3	188,234	100.	170.	275.	700.	1000.	5700.
1803 Large 3	Inc. Above	85.00	120.	200.	425.	850.	5700.
1805	211,722	75.00	110.	160.	350.	650.	5500.
1805/4	Inc. Above	150.	225.	450.	750.	1400.	5500.
1806 Knobbed 6, Large Stars	839,576	75.00	100.	160.	350.	650.	5200.
1806 Knobbed 6, Small Stars	Inc. Above	75.00	100.	160.	350.	650.	5200.
1806 Pointed 6, Stem Not Through Claw	Inc. Above	75.00	100.	160.	350.	650.	5200.
1806 Pointed 6, Stem Through Claw	Inc. Above	75.00	100.	160.	350.	650.	5200.
1806/5	Inc. Above	80.00	115.	200.	475.	800.	5200.
1806 Over Inverted 6	Inc. Above	95.00	130.	250.	650.	1200.	5200.
1807	301,076	80.00	100.	160.	425.	800.	5200.

CAPPED BUST TYPE 1807-1839

VARIETY ONE - LETTERED EDGE 1807-1836

DIAMETER—32.5mm
WEIGHT—13.48 Grams
COMPOSITION—.8924 Silver, .1076 Copper
DESIGNER—John Reich
EDGE—1807-1814
FIFTY CENTS OR
  HALF A DOLLAR
  1814-1831, Stars Added Between
DOLLAR and FIFTY
  1832-1836, Vertical Lines
  Added Between Words

DATE	MINTAGE	G-4	VG-8	F-12	VF-20	EF-40	MS-60
1807 Sm. Stars	750,500	70.00	100.	160.	300.	500.	1250.
1807 Lg. Stars	Inc. Above	80.00	120.	180.	400.	600.	2400.
1807 50/20C	Inc. Above	50.00	60.00	80.00	120.	325.	1200.
1808	1,368,600	35.00	40.00	52.50	70.00	150.	1750.
1808/7	Inc. Above	35.00	40.00	60.00	80.00	165.	2500.
1809	1,405,810	35.00	40.00	55.00	80.00	165.	2600.
1810	1,276,276	35.00	37.50	45.00	75.00	150.	1250.
1811 Small 8	1,203,644	32.50	37.50	45.00	75.00	150.	1900.
1811 Large 8	Inc. Above	32.50	37.50	45.00	90.00	170.	1900.
1811 Dt. 18.11	Inc. Above	32.50	37.50	57.50	100.	190.	1750.
1812	1,628,059	32.50	37.50	45.00	75.00	150.	1250.
1812/11	Inc. Above	37.50	42.50	55.00	120.	230.	900.
1813	1,241,903	32.50	37.50	45.00	75.00	150.	1150.
1814	1,039,075	35.00	40.00	47.50	75.00	150.	1750.
1814/13	Inc. Above	37.50	42.50	50.00	100.	210.	925.
1815/12	47,150	600.	900.	1300.	1700.	2200.	4500.
1817	1,215,567	30.00	32.50	40.00	70.00	140.	725.
1817/13	Inc. Above	85.00	140.	190.	340.	525.	1150.
1817/14	Inc. Above	5 KNOWN—EXTREMELY RARE					
1817 Dt. 181.7	Inc. Above	32.50	37.50	45.00	120.	200.	725.
1818	1,960,322	30.00	32.50	40.00	75.00	140.	725.

HALF DOLLARS

DATE	MINTAGE	G-4	VG-8	F-12	VF-20	EF-40	MS-60
1818/17	Inc. Above	30.00	32.50	40.00	75.00	140.	725.
1819	2,208,022	30.00	32.50	40.00	75.00	140.	725.
1819/18 Sm. 9	Inc. Above	30.00	32.50	40.00	75.00	140.	725.
1819/18 Lg. 9	Inc. Above	30.00	32.50	40.00	75.00	140.	725.
1820 Sm. Date	751,122	35.00	47.50	55.00	140.	215.	725.
1820 Lg. Date	Inc. Above	35.00	47.50	55.00	140.	215.	725.
1820/19	Inc. Above	35.00	45.00	52.50	135.	230.	725.
1821	1,305,797	32.50	35.00	40.00	75.00	140.	725.
1822	1,559,573	30.00	35.00	40.00	70.00	140.	725.
1822/1	Inc. Above	45.00	55.00	75.00	190.	325.	1150.
1823	1,694,200	30.00	32.50	40.00	70.00	140.	725.
1823 Broken 3	Inc. Above	35.00	50.00	75.00	120.	225.	725.
1823 Patched 3	Inc. Above	35.00	50.00	70.00	100.	200.	725.
1823 Ugly 3	Inc. Above	30.00	35.00	40.00	100.	190.	725.
1824	3,504,954	30.00	32.50	40.00	52.50	100.	725.
1824/21	Inc. Above	32.50	37.50	42.50	100.	190.	725.
1824/Various Dates	Inc. Above	30.00	32.50	40.00	70.00	150.	725.
1825	2,943,166	30.00	32.50	40.00	52.50	100.	725.
1826	4,004,180	30.00	32.50	40.00	52.50	100.	725.
1827 Curled 2	5,493,400	32.50	35.00	42.50	90.00	155.	725.
1827 Square 2	Inc. Above	30.00	32.50	40.00	52.50	100.	725.
1827/6	Inc. Above	32.50	35.00	40.00	95.00	150.	1150.
1828 Curled Base 2, No Knob	3,075,200	29.00	32.50	37.50	52.50	100.	725.
1828 Curled Base 2, Knobbed 2	Inc. Above	35.00	45.00	60.00	90.00	155.	775.
1828 Sm. 8's, Square Base 2, Lg. Letters	Inc. Above	29.00	32.50	37.50	45.00	95.00	725.
1828 Sm. 8's, Square Base 2, Sm. Letters	Inc. Above	29.00	32.50	37.50	130.	260.	775.
1828 Lg. 8's Square Base 2	Inc. Above	29.00	32.50	37.50	45.00	95.00	725.
1829	3,712,156	29.00	32.50	40.00	45.00	95.00	725.
1829/7	Inc. Above	30.00	32.50	40.00	90.00	170.	825.
1830 Sm. 0 in Date	4,764,800	29.00	32.50	37.50	45.00	90.00	725.
1830 Lg. 0 in Date	Inc. Above	29.00	32.50	37.50	45.00	90.00	725.
1831	5,873,660	29.00	32.50	37.50	45.00	90.00	725.
1832 Sm. Letters	4,797,000	29.00	32.50	50.00	45.00	90.00	725.
1832 Lg. Letters	Inc. Above	29.00	32.50	37.50	70.00	200.	1300.
1833	5,206,000	29.00	32.50	37.50	45.00	90.00	725.
1834 Sm. Date, Lg. Stars, Sm. Letters	6,412,004	29.00	32.50	37.50	45.00	90.00	725.
1834 Sm. Date, Sm. Stars, Sm. Letters	Inc. Above	29.00	32.50	37.50	45.00	90.00	725.
1834 Lg. Date, Sm. Letters	Inc. Above	29.00	32.50	37.50	45.00	90.00	725.
1834 Lg. Date, Lg. Letters	Inc. Above	29.00	32.50	37.50	45.00	90.00	725.
1835	5,352,006	29.00	32.50	37.50	45.00	90.00	725.
1836	6,545,000	29.00	32.50	37.50	45.00	90.00	725.
1836 50/00	Inc. Above	37.50	45.00	60.00	165.	230.	1200.

HALF DOLLARS

VARIETY TWO - REEDED EDGE
REVERSE 50 CENTS 1836-1837

DIAMETER—30mm
WEIGHT—13.36 Grams
COMPOSITION—.900 Silver,
 .100 Copper
DESIGNER—Christian Gobrecht
EDGE—Reeded

DATE	MINTAGE	G-4	VG-8	F-12	VF-20	EF-40	MS-60
1836	1,200	265.	375.	700.	1050.	1850.	5000.
1837	3,629,820	35.00	42.50	50.00	80.00	130.	1000.

VARIETY THREE - REEDED EDGE
REVERSE HALF DOLLAR 1838-1839

DIAMETER—30mm
WEIGHT—13.36 Grams
COMPOSITION—
 .900 Silver, .100 Copper
DESIGNER—Christian Gobrecht
EDGE—Reeded

DATE	MINTAGE	G-4	VG-8	F-12	VF-20	EF-40	MS-60
1838	3,546,000	35.00	42.50	50.00	80.00	130.	1250.
1838 O	20				PROOF ONLY		50,000.
1839	3,334,560	35.00	42.50	50.00	80.00	130.	900.
1839 O	178,976	80.00	120.	180.	350.	600.	3400.

HALF DOLLARS

LIBERTY SEATED TYPE
1839-1891

VARIETY ONE - NO MOTTO ABOVE EAGLE 1839-1853

DIAMETER—30.6mm
WEIGHT—13.36 Grams
COMPOSITION—.900 Silver, .100 Copper
DESIGNER—Christian Gobrecht
EDGE—Reeded

DATE	MINTAGE	G-4	VG-8	F-12	VF-20	EF-40	MS-60
1839 No Drapery	Inc. Above	37.50	50.00	65.00	220.	500.	2500.
1839 Drapery	Inc. Above	22.00	27.50	32.50	65.00	110.	475.
1840 Sm. Letters	1,435,008	18.00	20.00	25.00	60.00	75.00	600.
1840 Med. Letters	Inc. Above	65.00	85.00	120.	265.	350.	2000.
1840 O	855,100	18.00	22.00	27.50	65.00	80.00	600.
1841	310,000	47.50	57.50	72.50	130.	265.	1350.
1841 O	401,000	25.00	30.00	38.00	70.00	110.	900.
1842 Sm. Date	2,012,764	28.00	32.50	40.00	80.00	120.	1350.
1842 Lg. Date	Inc. Above	17.00	20.00	24.00	47.50	72.50	1300.
1842 O Sm. Date	957,000	575.	750.	1350.	2600.	5200.	—
1842 O Lg. Date	Inc. Above	18.00	22.00	27.50	52.50	80.00	525.
1843	3,884,000	17.00	20.00	24.00	45.00	72.50	425.
1843 O	2,268,000	17.00	20.00	24.00	45.00	72.50	575.
1844	1,766,000	17.00	20.00	24.00	45.00	72.50	425.
1844 O	2,005,000	17.00	20.00	24.00	45.00	72.50	550.
1845	589,000	27.50	32.50	40.00	95.00	120.	925.
1845 O	2,094,000	17.00	20.00	24.00	45.00	72.50	575.
1845 O No Drapery	Inc. Above	40.00	60.00	80.00	120.	170.	775.
1846 Medium Date	2,210,000	16.00	19.00	22.50	42.50	67.50	525.
1846 Tall Date	Inc. Above	17.50	21.00	26.00	70.00	75.00	675.
1846/Horizontal 6	Inc. Above	50.00	60.00	75.00	235.	240.	2600.
1846 O Medium Date	2,304,000	16.00	19.00	22.50	37.50	67.50	575.
1846 O Tall Date	Inc. Above	50.00	65.00	85.00	200.	240.	3750.
1847/46	1,156,000	1400.	1800.	2600.	3400.	4750.	—
1847	Inc. Above	16.00	19.00	22.50	37.50	67.50	500.
1847 O	2,584,000	16.00	19.00	22.50	37.50	67.50	660.
1848	580,000	27.50	32.50	40.00	80.00	120.	1450.
1848 O	3,180,000	16.00	19.00	22.50	37.50	67.50	775.
1849	1,252,000	16.00	19.00	22.50	37.50	67.50	1300.
1849 O	2,310,000	16.00	19.00	22.50	37.50	67.50	675.
1850	227,000	72.50	80.00	135.	235.	350.	1550.
1850 O	2,456,000	16.00	19.00	22.50	42.50	67.50	675.
1851	200,750	85.00	110.	140.	300.	400.	1900.
1851 O	402,000	35.00	47.50	65.00	95.00	165.	625.
1852	77,130	120.	140.	200.	420.	600.	1500.
1852 O	144,000	72.50	85.00	120.	225.	350.	1900.
1853 O	Unknown	Nov. 1979 Garrett Sale VF 40,000.					

HALF DOLLARS

VARIETY TWO - ARROW AT DATE
RAYS AROUND EAGLE 1853

DIAMETER—30.6mm
WEIGHT—12.44 Grams
COMPOSITION—.900 Silver,
.100 Copper
DESIGNER—Christian Gobrecht
EDGE—Reeded

DATE	MINTAGE	G-4	VG-8	F-12	VF-20	EF-40	MS-60
1853	3,532,708	17.50	24.00	32.50	85.00	265.	2250.
1853 O	1,328,000	18.50	24.00	32.50	100.	280.	2250.

VARIETY THREE - ARROWS AT DATE
NO RAYS 1854-1855

DIAMETER—30.6mm
WEIGHT—12.44 Grams
COMPOSITION—.900 Silver,
.100 Copper
DESIGNER—Christian Gobrecht
EDGE—Reeded

DATE	MINTAGE	G-4	VG-8	F-12	VF-20	EF-40	MS-60	Prf-65
1854	2,982,000	16.00	19.00	22.50	50.00	120.	700.	—
1854 O	5,240,000	16.00	19.00	22.50	50.00	120.	475.	—
1855	759,500	19.00	22.00	28.00	60.00	165.	1250.	24,000.
1855 O	3,688,000	16.00	19.00	22.50	50.00	120.	675.	—
1855 S	129,950	275.	400.	500.	950.	2200.	—	—

VARIETY ONE RESUMED 1856-1866

1856	938,000	17.00	20.00	24.00	45.00	72.50	425.	14,000.
1856 O	2,658,000	16.00	19.00	22.50	36.00	67.50	475.	—
1856 S	211,000	25.00	30.00	45.00	105.	200.	1500.	—
1857	1,988,000	16.00	19.00	22.50	36.00	67.50	425.	14,000.
1857 O	818,000	17.50	21.00	26.00	57.50	75.00	875.	—
1857 S	158,000	45.00	70.00	110.	180.	285.	1400.	—
1858	4,226,000	16.00	19.00	22.50	36.00	67.50	425.	14,000.
1858 O	7,294,000	16.00	19.00	22.50	36.00	67.50	475.	—
1858 S	476,000	19.00	22.00	28.00	65.00	90.00	975.	—
1859	748,000	17.50	21.00	26.00	47.50	75.00	675.	8000.
1859 O	2,834,000	16.00	19.00	22.50	36.00	67.50	475.	—
1859 S	566,000	18.00	22.00	27.00	67.50	80.00	775.	—
1860	303,700	19.00	22.00	28.00	75.00	100.	1000.	8000.
1860 O	1,290,000	16.00	19.00	22.50	36.00	67.50	475.	—
1860 S	472,000	19.00	22.00	27.50	80.00	90.00	875.	—

HALF DOLLARS

Date	Mintage	G-4	VG-8	F-12	VF-20	EF-40	MS-60	Prf-65
1861	2,888,400	16.00	19.00	22.50	36.00	67.50	425.	8000.
1861 O	2,532,633	16.00	19.00	22.50	36.00	67.50	475.	—
1861 S	939,500	16.00	19.00	22.50	36.00	67.50	1000.	—
1862	253,550	22.00	26.00	32.00	52.50	105.	775.	8000.
1862 S	1,352,000	16.00	19.00	22.50	36.00	67.50	475.	—
1863	503,660	19.00	22.00	27.50	45.00	95.00	775.	8000.
1863 S	916,000	16.00	19.00	22.50	36.00	67.50	425.	—
1864	379,570	19.00	22.00	28.00	45.00	95.00	775.	8000.
1864 S	658,000	17.50	21.00	26.00	39.00	75.00	475.	—
1865	511,900	17.50	21.00	26.00	39.00	75.00	775.	8000.
1865 S	675,000	17.00	20.00	24.00	38.00	72.50	475.	—
1866	Unique		Not Issued For Circulation					
1866 S	1,054,000	70.00	85.00	150.00	235.00	340.	5000.	—

VARIETY FOUR - MOTTO ABOVE EAGLE 1866-1873

DIAMETER—30.6mm
WEIGHT—12.44 Grams
COMPOSITION—.900 Silver, .100 Copper
DESIGNER—Christian Gobrecht:
EDGE—Reeded

DATE	MINTAGE	G-4	VG-8	F-12	VF-20	EF-40	MS-60	Prf-65
1866	745,625	15.00	17.50	21.00	32.00	62.50	800.	4000.
1866 S	Inc. Above	15.00	17.50	21.00	32.00	62.50	800.	—
1867	449,925	18.50	21.00	26.00	37.00	80.00	1000.	4000.
1867 S	1,196,000	15.00	17.50	21.00	32.00	62.50	800.	—
1868	418,200	19.00	22.00	26.00	38.00	85.00	1000.	4000.
1868 S	1,160,000	15.00	17.50	21.00	32.00	62.50	800.	—
1869	795,900	15.00	17.50	21.00	32.00	62.50	800.	4000.
1869 S	656,000	17.00	20.00	22.50	34.00	75.00	825.	—
1870	634,900	17.00	20.00	22.50	34.00	75.00	825.	4000.
1870 CC	54,617	450.	625.	875.	1500.	2500.	—	—
1870 S	1,004,000	15.00	17.50	21.00	32.00	62.50	800.	—
1871	1,204,560	15.00	17.50	21.00	32.00	62.50	800.	4000.
1871 CC	153,950	120.	140.	160.	275.	550.	4000.	—
1871 S	2,178,000	15.00	17.50	21.00	32.00	62.50	800.	—
1872	881,550	15.00	17.50	21.00	32.00	62.50	800.	4000.
1872 CC	272,000	70.00	85.00	100.	165.	350.	2500.	—
1872 S	580,000	18.50	21.00	26.00	37.00	80.00	900.	—
1873 Closed 3	801,800	15.00	17.50	21.00	32.00	62.50	800.	4000.
1873 Open 3	Inc. Above	725.	900.	1200.	1800.	4200.	—	—
1873 CC	122,500	100.	120.	150.	235.	450.	3000.	—
1873 S	5,000		None Known to Exist					

EDMUND'S U.S. COIN PRICES

HALF DOLLARS

VARIETY FIVE - ARROWS AT DATE 1873-1874

DIAMETER—30.6mm
WEIGHT—12.50 Grams
COMPOSITION—.900 Silver, .100 Copper
DESIGNER—Christian Gobrecht
EDGE—Reeded

DATE	MINTAGE	G-4	VG-8	F-12	VF-20	EF-40	MS-60	Prf-65
1873	1,815,700	23.00	28.00	36.00	85.00	225.	1250.	15,000.
1873 CC	214,560	45.00	55.00	72.00	235.	425.	2500.	—
1873 S	233,000	28.00	34.00	45.00	120.	300.	1900.	—
1874	2,360,300	23.00	25.00	36.00	85.00	225.	1250.	15,000.
1874 CC	59,000	140.	200.	340.	500.	900.	4400.	—
1874 S	394,000	26.00	31.00	39.00	110.	265.	2000.	—

VARIETY FOUR RESUMED 1875-1891

DATE	MINTAGE	G-4	VG-8	F-12	VF-20	EF-40	MS-60	Prf-65
1875	6,027,500	15.00	17.50	21.00	38.00	62.50	825.	4000.
1875 CC	1,008,000	17.00	20.00	22.50	55.00	67.50	875.	—
1875 S	3,200,000	15.00	17.50	21.00	38.00	62.50	350.	—
1876	8,419,150	15.00	17.50	21.00	38.00	62.50	335.	4000.
1876 CC	1,956,000	17.00	20.00	22.50	42.50	67.50	875.	—
1876 S	4,528,000	15.00	17.50	21.00	38.00	62.50	335.	—
1877	8,304,510	15.00	17.50	21.00	38.00	62.50	335.	4000.
1877 CC	1,420,000	17.00	20.00	22.50	42.50	67.50	825.	—
1877 S	5,356,000	15.00	17.50	21.00	38.00	62.50	335.	—
1878	1,378,400	15.00	17.50	21.00	42.50	62.50	335.	4000.
1878 CC	62,000	235.	275.	375.	675.	1200.	3150.	—
1878 S	12,000	4000.	5250.	7250.	12,000.	18,000.	24,000.	—
1879	5,900	280.	300.	325.	400.	525.	1650.	10,500.
1880	9,755	225.	250.	275.	350.	450.	1550.	10,500.
1881	10,975	225.	240.	270.	325.	425.	1450.	10,500.
1882	5,500	275.	300.	325.	400.	525.	1650.	10,500.
1883	9,039	225.	240.	270.	350.	450.	1650.	10,500.
1884	5,275	280.	300.	330.	425.	550.	1750.	10,500.
1885	6,130	300.	320.	350.	450.	550.	1750.	10,500.
1886	5,886	300.	320.	350.	450.	550.	1750.	10,500.
1887	5,710	300.	320.	350.	450.	550.	1750.	10,500.
1888	12,833	200.	225.	250.	320.	400.	1200.	10,500.
1889	12,711	200.	225.	250.	320.	400.	1200.	10,500.
1890	12,590	200.	225.	250.	320.	400.	1200.	10,500.
1891	200,600	36.00	42.50	60.00	100.	200.	1200.	10,500.

EDMUND'S U.S. COIN PRICES

HALF DOLLARS

BARBER TYPE
1892-1915

DIAMETER—30.6mm
WEIGHT—12.50 Grams
COMPOSITION—.900 Silver,
 .100 Copper
DESIGNER—Charles E. Barber
EDGE—Reeded
PURE SILVER CONTENT—.36169 Tr. Oz.

DATE	MINTAGE	G-4	VG-8	F-12	VF-20	EF-40	AU-50	MS-60	MS-65	Prf-65
1892	935,245	9.00	15.00	30.00	55.00	175.	300.	425.	4000.	4000.
1892 O	390,000	70.00	125.	200.	300.	450.	625.	950.	6500.	—
1892 S	1,020,028	65.00	120.	185.	275.	375.	550.	800.	10,000.	—
1893	1,826,792	9.00	16.00	32.50	65.00	195.	320.	480.	4300.	4000.
1893 O	1,389,000	13.00	22.50	42.50	90.00	250.	425.	625.	11,000.	—
1893 S	740,000	42.50	75.00	120.	250.	350.	525.	1000.	11,000.	—
1894	1,148,972	9.00	17.50	38.00	85.00	215.	350.	550.	4300.	4000.
1894 O	2,138,000	8.00	13.00	35.00	85.00	235.	375.	475.	7900.	—
1894 S	4,048,690	7.00	11.00	22.50	55.00	175.	300.	475.	15,000.	—
1895	1,835,218	7.00	11.00	25.00	55.00	185.	310.	480.	5200.	4000.
1895 O	1,766,000	8.00	16.00	36.00	75.00	200.	315.	550.	8500.	—
1895 S	1,108,086	12.00	20.00	45.00	85.00	250.	375.	500.	10,500.	—
1896	950,762	8.00	12.00	35.00	68.00	225.	350.	500.	8500.	4000.
1896 O	924,000	9.00	15.00	42.50	95.00	300.	450.	1000.	13,000.	—
1896 S	1,140,948	40.00	60.00	95.00	175.	350.	500.	1100.	12,000.	—
1897	2,480,731	7.00	10.00	22.50	60.00	165.	275.	425.	4000.	4000.
1897 O	632,000	32.50	47.50	90.00	160.	375.	675.	1400.	7200.	—
1897 S	933,900	60.00	85.00	135.	235.	400.	625.	1200.	10,000.	—
1898	2,956,735	6.00	9.00	22.50	58.00	160.	250.	425.	4000.	4000.
1898 O	874,000	9.00	16.00	47.50	125.	350.	500.	740.	10,000.	—
1898 S	2,358,550	8.00	11.00	27.50	60.00	170.	265.	610.	10,500.	—
1899	5,538,846	6.00	8.00	22.50	58.00	160.	250.	425.	4000.	4000.
1899 O	1,724,000	7.00	10.00	26.00	65.00	200.	265.	575.	8500.	—
1899 S	1,686,411	8.00	11.00	27.50	60.00	165.	265.	550.	8400.	—
1900	4,762,912	6.00	8.00	20.00	58.00	160.	265.	425.	4000.	4000.
1900 O	2,744,000	7.00	10.00	24.00	62.00	175.	275.	700.	15,000.	—
1900 S	2,560,322	7.00	10.00	25.00	62.00	160.	265.	525.	10,500.	—
1901	4,268,813	6.00	8.00	20.00	54.00	160.	265.	425.	4500.	4000.
1901 O	1,124,000	8.00	11.00	32.50	95.00	275.	365.	1200.	35,000.	—
1901 S	847,044	12.00	22.00	48.00	170.	400.	625.	1300.	13,000.	—
1902	4,922,777	6.00	8.00	20.00	50.00	160.	265.	425.	4000.	4000.
1902 O	2,526,000	7.00	10.00	25.00	60.00	165.	750.	675.	11,000.	—
1902 S	1,460,670	8.00	11.00	30.00	85.00	200.	290.	540.	5500.	—

EDMUND'S U.S. COIN PRICES

HALF DOLLARS

DATE	MINTAGE	G-4	VG-8	F-12	VF-20	EF-40	AU-50	MS-60	MS-65	Prf-65
1903	2,278,755	6.00	9.00	25.00	58.00	175.	280.	425.	7600.	4000.
1903 O	2,100,000	7.00	10.00	25.00	65.00	190.	290.	575.	9500.	—
1903 S	1,920,772	7.00	10.00	25.00	65.00	175.	275.	540.	9800.	—
1904	2,992,670	6.00	8.00	23.00	58.00	160.	265.	425.	6100.	4000.
1904 O	1,117,600	7.00	14.00	37.50	95.00	275.	375.	1200.	12,000.	—
1904 S	553,038	8.00	15.00	47.50	95.00	325.	450.	1500.	13,500.	—
1905	662,727	8.00	14.00	42.50	90.00	275.	400.	540.	6100.	4000.
1905 O	505,000	8.00	16.00	47.50	95.00	300.	425.	700.	6700.	—
1905 S	2,494,000	7.00	9.00	23.00	55.00	160.	265.	500.	10,750.	—
1906	2,638,675	5.00	8.00	19.00	50.00	160.	260.	425.	4000.	4000.
1906 D	4,028,000	6.00	8.00	20.00	52.00	160.	265.	425.	7900.	—
1906 O	2,446,000	6.00	9.00	23.00	57.00	160.	265.	540.	8500.	—
1906 S	1,740,154	7.00	10.00	24.00	60.00	175.	285.	525.	7100.	—
1907	2,598,575	5.00	8.00	19.00	50.00	155.	265.	425.	4000.	4000.
1907 D	3,856,000	6.00	8.00	19.00	50.00	155.	265.	425.	3250.	—
1907 O	3,946,000	7.00	8.00	20.00	52.00	155.	265.	450.	3600.	—
1907 S	1,250,000	6.00	10.00	25.00	60.00	175.	275.	550.	12,500.	—
1908	1,354,545	5.00	8.00	24.00	60.00	200.	290.	425.	4000.	4000.
1908 D	3,280,000	5.00	7.00	19.00	50.00	155.	255.	425.	4000.	—
1908 O	5,360,000	6.00	7.00	19.00	50.00	155.	255.	425.	4000.	—
1908 S	1,644,828	5.00	9.00	22.00	58.00	175.	265.	600.	8250.	—
1909	2,368,650	6.00	8.00	20.00	50.00	155.	255.	425.	4000.	4000.
1909 O	925,400	6.00	9.00	23.00	65.00	225.	290.	750.	7000.	—
1909 S	1,764,000	7.00	8.00	20.00	55.00	165.	255.	525.	4300.	—
1910	418,551	5.00	11.00	40.00	85.00	285.	425.	600.	5500.	4000.
1910 S	1,948,000	5.00	9.00	20.00	55.00	155.	265.	520.	4450.	—
1911	1,406,543	6.00	9.00	20.00	55.00	165.	265.	425.	4000.	4000.
1911 D	695,080	5.00	9.00	22.00	65.00	200.	290.	525.	4000.	—
1911 S	1,272,000	5.00	9.00	20.00	55.00	165.	265.	525.	8500.	—
1912	1,550,700	5.00	8.00	19.00	50.00	155.	265.	425.	4000.	4000.
1912 D	2,300,800	5.00	8.00	20.00	50.00	155.	255.	425.	4000.	—
1912 S	1,370,000	5.00	8.00	20.00	53.00	155.	265.	500.	6100.	—
1913	188,627	14.00	20.00	65.00	135.	350.	500.	875.	4300.	5200.
1913 D	534,000	7.00	11.00	27.50	65.00	215.	300.	500.	10,500.	—
1913 S	604,000	7.00	10.00	26.00	62.00	200.	280.	540.	4300.	—
1914	124,610	22.50	32.50	85.00	210.	400.	550.	925.	11,500.	6000.
1914 S	992,000	6.00	9.00	20.00	60.00	175.	275.	500.	4000.	—
1915	138,450	16.00	25.00	55.00	170.	375.	525.	1000.	8500.	5700.
1915 D	1,170,400	5.00	8.00	19.00	50.00	155.	255.	425.	4000.	—
1915 S	1,604,000	5.00	8.00	19.00	50.00	155.	255.	450.	4000.	—

EDMUND'S U.S. COIN PRICES

HALF DOLLARS 83

WALKING LIBERTY TYPE 1916-1947

DIAMETER—30.6mm
WEIGHT—12.50 Grams
COMPOSITION—.900 Silver,
 .100 Copper
DESIGNER—Adolph A. Weinman
EDGE—Reeded
PURE SILVER CONTENT—.36169 Tr. Oz.

MINT MARK ON OBVERSE

DATE	MINTAGE	G-4	VG-8	F-12	VF-20	EF-40	AU-50	MS-60	MS-65	Prf-65
1916	608,000	15.00	20.00	50.00	110.	195.	315.	450.	1550.	—
1916 D	1,014,400	8.00	13.00	25.00	60.00	145.	225.	375.	1700.	—
1916 S	508,000	24.00	32.50	120.	225.	350.	550.	800.	3900.	—
1917 D	765,400	9.00	12.00	28.00	75.00	155.	275.	500.	4750.	—
1917 S	952,000	10.00	16.00	32.50	150.	350.	550.	1100.	10,000.	—

MINT MARK ON REVERSE

DATE	MINTAGE	G-4	VG-8	F-12	VF-20	EF-40	AU-50	MS-60	MS-65	Prf-65
1917	12,292,000	5.50	6.00	9.00	20.00	32.50	65.00	120.	900.	—
1917 D	1,940,000	5.75	9.00	20.00	52.50	150.	300.	650.	15,000.	—
1917 S	5,554,000	5.50	6.00	17.00	26.00	52.50	120.	265.	7250.	—
1918	6,634,000	5.50	6.00	9.00	47.50	145.	250.	375.	3750.	—
1918 D	3,853,040	5.50	6.50	9.00	52.50	170.	280.	750.	16,500.	—
1918 S	10,282,000	5.50	6.00	9.00	30.00	52.50	120.	265.	9600.	—
1919	962,000	11.00	15.00	29.00	110.	375.	600.	1000.	5500.	—
1919 D	1,165,000	9.50	11.00	31.00	140.	415.	875.	2200.	36,000.	—
1919 S	1,552,000	8.50	10.00	26.00	95.00	380.	775.	2000.	7800.	—
1920	6,372,000	5.50	6.00	9.00	22.50	55.00	115.	260.	5200.	—
1920 D	1,551,000	6.50	8.00	23.00	110.	255.	500.	1000.	7000.	—
1920 S	4,624,000	5.50	6.00	9.00	42.50	125.	350.	850.	6800.	—
1921	246,000	55.00	85.00	180.	450.	1000.	1500.	2250.	11,000.	—
1921 D	208,000	85.00	120.	250.	550.	1100.	1600.	2400.	7800.	—
1921 S	548,000	13.00	18.00	39.00	240.	1100.	2750.	6750.	32,000.	—
1923 S	2,178,000	5.50	6.50	9.00	37.50	160.	400.	925.	8800.	—
1927 S	2,392,000	5.50	6.50	9.00	27.50	90.00	250.	750.	7500.	—
1928 S	1,940,000	5.50	6.50	9.00	30.00	100.	285.	850.	5800.	—
1929 D	1,001,200	6.50	8.50	9.00	22.50	75.00	160.	375.	1800.	—
1929 S	1,902,000	5.50	6.00	9.00	22.50	70.00	180.	375.	2100.	—
1933 S	1,786,000	6.50	8.50	9.00	21.00	52.50	160.	350.	1900.	—
1934	6,964,000	5.00	5.50	6.00	11.00	21.00	42.50	125.	325.	—
1934 D	2,361,400	5.00	5.50	6.00	18.00	21.00	47.50	240.	1100.	—
1934 S	3,652,000	5.00	5.50	6.00	15.00	32.50	110.	450.	1900.	—
1935	9,162,000	5.00	5.50	6.00	11.00	20.00	35.00	70.00	225.	—
1935 D	3,003,800	5.00	5.50	6.00	16.00	47.50	110.	235.	1100.	—
1935 S	3,854,000	5.00	5.50	6.00	15.00	40.00	110.	300.	1250.	—
1936	12,617,901	4.50	5.00	5.50	11.00	20.00	32.50	65.00	150.	2600.
1936 D	4,252,400	4.50	5.00	5.50	15.00	33.00	65.00	165.	275.	—

EDMUND'S U.S. COIN PRICES

HALF DOLLARS

DATE	MINTAGE	G-4	VG-8	F-12	VF-20	EF-40	AU-50	MS-60	MS-65	Prf-65
1936 S	3,884,000	4.50	5.00	5.50	13.00	36.00	70.00	200.	525.	—
1937	9,527,728	4.50	5.00	5.50	11.00	20.00	34.00	65.00	160.	950.
1937 D	1,676,000	4.50	5.00	5.50	17.50	50.00	130.	315.	600.	—
1937 S	2,090,000	4.50	5.00	5.50	11.00	37.50	90.00	250.	425.	—
1938	4,118,152	4.50	5.00	5.50	11.00	21.00	50.00	150.	225.	725.
1938 D	491,600	18.00	22.00	27.50	35.00	100.	290.	850.	1150.	—
1939	6,820,808	4.50	5.00	5.50	11.00	20.00	32.50	120.	150.	650.
1939 D	4,267,800	4.50	5.00	5.50	13.00	21.00	37.50	115.	160.	—
1939 S	2,552,000	4.50	5.00	5.50	12.50	22.50	57.50	170.	225.	—
1940	9,167,279	4.50	5.00	5.50	7.00	20.00	30.00	45.00	150.	575.
1940 S	4,550,000	4.50	5.00	5.50	12.00	22.00	35.00	45.00	400.	—
1941	24,207,412	4.50	5.00	5.50	6.00	12.50	17.50	37.00	135.	575.
1941 D	11,248,400	4.50	5.00	5.50	6.00	18.00	36.00	45.00	150.	—
1941 S	8,098,000	4.50	5.00	5.50	6.00	22.00	62.00	95.00	1600.	—
1942	47,839,120	4.50	5.00	5.50	6.00	12.50	20.00	37.00	135.	575.
1942 D	10,973,800	4.50	5.00	5.50	6.00	16.00	32.50	45.00	250.	—
1942 S	12,706,000	4.50	5.00	5.50	6.00	17.00	50.00	60.00	700.	—
1943	53,190,000	4.50	5.00	5.50	6.00	12.50	19.00	37.00	135.	—
1943 D	11,346,000	4.50	5.00	5.50	6.00	18.00	34.00	45.00	160.	—
1943 S	13,450,000	4.50	5.00	5.50	6.00	20.00	42.50	60.00	525.	—
1944	28,206,000	4.50	5.00	5.50	6.00	12.50	20.00	37.00	135.	—
1944 D	9,769,000	4.50	5.00	5.50	6.00	12.50	32.50	40.00	150.	—
1944 S	8,904,000	4.50	5.00	5.50	6.00	12.50	42.50	45.00	900.	—
1945	31,502,000	4.50	5.00	5.50	6.00	12.50	19.00	45.00	135.	—
1945 D	9,966,800	4.50	5.00	5.50	6.00	13.00	18.00	40.00	135.	—
1945 S	10,156,000	4.50	5.00	5.50	6.00	13.00	27.00	45.00	200.	—
1946	12,118,000	4.50	5.00	5.50	6.00	13.00	22.50	40.00	145.	—
1946 D	2,151,000	4.75	5.50	6.00	7.00	15.00	42.50	40.00	135.	—
1946 S	3,724,000	4.50	5.00	5.50	6.00	14.00	32.00	40.00	135.	—
1947	4,094,000	4.50	5.00	5.50	6.00	12.50	32.00	40.00	175.	—
1947 D	3,900,600	4.50	5.00	5.50	6.00	12.50	20.00	40.00	135.	—

EDMUND'S U.S. COIN PRICES

HALF DOLLARS 85

FRANKLIN TYPE
1948-1963

DIAMETER—30.6mm
WEIGHT—12.50 Grams
COMPOSITION—.900 Silver,
.100 Copper
DESIGNER—John R. Sinnock
EDGE—Reeded
PURE SILVER CONTENT—.36169 Tr. Oz.

DATE	MINTAGE	EF-40	AU-50	MS-60	MS-65	Prf-65
1948	3,006,814	—	9.50	27.50	125.	—
1948 D	4,028,600	—	9.50	18.00	175.	—
1949	5,614,000	11.00	15.00	62.50	150.	—
1949 D	4,120,600	12.00	20.00	55.00	1750.	—
1949 S	3,744,000	25.00	72.50	165.	170.	—
1950	7,793,509	—	12.50	55.00	125.	460.
1950 D	8,031,600	—	10.00	30.00	650.	—
1951	16,859,602	—	10.00	17.50	85.00	260.
1951 D	9,475,200	—	12.50	40.00	185.	—
1951 S	13,696,000	—	20.00	37.50	85.00	—
1952	21,274,073	—	10.00	14.50	75.00	145.
1952 D	25,395,600	—	10.00	14.00	190.	—
1952 S	5,526,000	—	17.50	40.00	72.00	—
1953	2,796,920	—	14.00	30.00	185.	100.
1953 D	20,900,400	—	8.50	15.00	180.	—
1953 S	4,148,000	—	10.00	25.00	52.00	—
1954	13,421,503	—	6.50	11.00	85.00	60.00
1954 D	25,445,580	—	6.50	9.00	150.	—
1954 S	4,993,400	—	8.50	17.50	52.00	—
1955	2,876,381	—	9.00	17.50	52.00	55.00
1956	4,701,384	—	8.50	12.50	50.00	20.00
1957	6,361,952	—	10.00	12.00	50.00	17.50
1957 D	19,966,850	—	6.00	7.50	50.00	—
1958	4,917,652	—	7.50	11.50	50.00	20.00
1958 D	23,962,412	—	5.00	7.50	50.00	—
1959	7,349,291	—	6.50	8.50	220.	17.50
1959 D	13,053,750	—	7.50	10.00	230.	—
1960	7,715,602	—	5.00	7.50	200.	16.00
1960 D	18,215,812	—	5.00	7.00	1000.	—
1961	11,318,244	—	5.00	7.00	385.	15.00
1961 D	20,276,442	—	5.00	7.00	525.	—
1962	12,932,019	—	5.00	7.00	225.	15.00
1962 D	35,473,281	—	5.00	7.00	750.	—
1963	25,239,645	—	5.00	7.00	95.00	15.00
1963 D	67,069,292	—	5.00	7.00	95.00	—

EDMUND'S U.S. COIN PRICES

HALF DOLLARS

KENNEDY TYPE
1964 TO DATE

DIAMETER—30.6mm
WEIGHT—1964, 12.50 Grams,
  1965-1970, 11.50 Grams,
  1971 To Date, 11.34 Grams
COMPOSITION—1964: .900 Silver,
  .100 Copper,
  1965-1970 Silver Clad
  overall composition
  .400 Silver .600 Copper,
  1971 To Date: Copper Clad Issue
  .750 Copper, .250 Nickel Outer Layers,
  Pure Copper Inner Core
DESIGNERS—Gilroy Roberts and
  Frank Gasparro
EDGE—Reeded
PURE SILVER CONTENT—1964:
  .36169 Tr. Oz.,
  1965-1970: .14792 Tr. Oz.

SILVER COINAGE 1964

DATE	MINTAGE	MS-60	MS-65	Prf-65
1964	277,254,766	3.00	5.00	13.00
1964 D	156,205,446	3.00	5.00	—

SILVER CLAD COINAGE 1965-1970

1965	65,879,366	1.75	3.00	—
1966	108,984,932	1.75	3.00	—
1967	295,046,978	1.75	3.00	—
1968 D	246,951,930	1.75	3.00	—
1968 S	3,041,506	PROOF ONLY		7.00
1969 D	129,881,800	1.75	3.00	—
1969 S	2,934,631	PROOF ONLY		5.50
1970 D	2,150,000	12.00	20.00	—
1970 S	2,632,810	PROOF ONLY		8.50

COPPER-NICKEL CLAD COINAGE

1971	155,164,000	—	1.00	—
1971 D	302,097,424	—	1.00	—
1971 S	PROOF ONLY	—	—	2.00
1972	153,180,000	—	.75	—
1972 D	141,890,000	—	.75	—
1972 S	PROOF ONLY	—	—	2.00
1973	64,964,000	—	.75	—
1973 D	83,171,400	—	.75	—
1973 S	PROOF ONLY	—	—	2.50
1974	201,596,000	—	.75	—
1974 D	79,066,300	—	.75	—
1974 S	PROOF ONLY	—	—	2.75
1977	43,598,000	—	.75	—
1977 D	31,449,106	—	.75	—
1977 S	PROOF ONLY	—	—	1.50
1978	14,350,000	—	.75	—
1978 D	13,765,799	—	.75	—
1978 S	PROOF ONLY	—	—	3.00
1979	68,312,000	—	.75	—
1979 D	15,815,422	—	.75	—
1979 S	PROOF ONLY	—	—	2.00
1980 P	44,134,000	—	.75	—
1980 D	33,456,449	—	.75	—
1980 S	PROOF ONLY	—	—	1.50
1981 P	29,544,000	—	.75	—
1981 D	27,839,533	—	.75	—

HALF DOLLARS

1981 S	PROOF ONLY	—	—	1.75
1982 P	10,819,000	—	.75	—
1982 D	13,140,102	—	.75	—
1982 S	PROOF ONLY	—	—	7.00
1983 P	34,139,000	—	.75	—
1983 D	32,472,244	—	.75	—
1983 S	PROOF ONLY	—	—	9.50
1984 P	26,029,000	—	.75	—
1984 D	26,262,158	—	.75	—
1984 S	PROOF ONLY	—	—	7.00
1985 P	18,706,962	—	.75	—
1985 D	19,814,034	—	.75	—
1985 S	PROOF ONLY	—	—	7.50
1986 P	13,107,633	—	.75	—
1986 D	15,336,145	—	.75	—
1986 S	PROOF ONLY	—	—	7.50
1987 P	—	—	4.00	—
1987 D	—	—	4.00	—
1987 S	PROOF ONLY	—	—	7.50
1988 P	13,626,000	—	.75	—
1988 D	12,000,096	—	.75	—
1988 S	PROOF ONLY	—	—	7.50
1989 P	24,542,000	—	.75	—
1989 D	23,000,216	—	.75	—
1989 S	PROOF ONLY	—	—	7.50
1990 P	—	—	.75	—
1990 D	—	—	.75	—
1990 S	PROOF ONLY	—	—	7.50
1991 P	—	—	.75	—
1991 D	—	—	.75	—
1991 S	PROOF ONLY	—	—	7.50
1992 P	—	—	.75	—
1992 D	—	—	.75	—
1992 S	PROOF ONLY	—	—	7.50

SILVER DOLLARS
1794 TO DATE

FLOWING HAIR TYPE
1794-1795

DIAMETER—39-40mm
WEIGHT—26.96 Grams
COMPOSITION—.8924 Silver, .1076 Copper
DESIGNER—Robert Scot
EDGE—HUNDRED CENTS ONE DOLLAR OR UNIT With Decorations Between Words

DATE	MINTAGE	G-4	VG-8	F-12	VF-20	EF-40	MS-60
1794	1,758	8500.	12,000.	16,500.	30,000.	45,000.	—
1795 2 Leaves	203,033	800.	950.	1500.	2250.	4000.	42,000.
1795 3 Leaves	Inc. Above	800.	950.	1500.	2250.	4000.	42,000.

DRAPED BUST TYPE
SMALL EAGLE REVERSE
1795-1798

DIAMETER—39-40mm
WEIGHT—26.96 Grams
COMPOSITION—.8924 Silver, .1076 Copper
DESIGNER—Robert Scot
EDGE—HUNDRED CENTS ONE DOLLAR OR UNIT With Decorations Between Words

DATE	MINTAGE	G-4	VG-8	F-12	VF-20	EF-40	MS-60
1795	Inc. Above	625.	850.	1150.	1800.	3800.	17,500.
1796 Sm. Date, Sm. Letters	72,920	575.	750.	1050.	1800.	3500.	16,000.
1796 Sm. Date, Lg. Letters	Inc. Above	575.	750.	1050.	1800.	3500.	16,000.
1796 Lg. Date, Sm. Letters	Inc. Above	575.	750.	1050.	1800.	3500.	16,000.
1797 9 Stars Left, 7 Stars, Sm. Letters	7,776	1600.	1900.	2700.	4400.	8500.	24,000.

SILVER DOLLARS

DATE	MINTAGE	G-4	VG-8	F-12	VF-20	EF-40	MS-60
1797 9 Stars Left, 7 Stars Right, Lg. Letters	Inc. Above	600.	750.	1025.	1800.	3500.	16,000.
1797 10 Stars Left, 6 Stars Right	Inc. Above	600.	750.	1025.	1800.	3500.	16,000.
1798 13 Stars	327,536	950.	1200.	1500.	2500.	4800.	19,000.
1798 15 Stars	Inc. Above	1150.	1700.	2200.	3250.	7000.	19,000.

DRAPED BUST TYPE
HERALDIC EAGLE
REVERSE
1798-1804

DIAMETER—39-40mm
WEIGHT—26.96 Grams
COMPOSITION—
 .8924 Silver, .1076 Copper
DESIGNER—Robert Scot
EDGE—HUNDRED CENTS ONE DOLLAR
 OR UNIT With Decorations Between Words

DATE	MINTAGE	G-4	VG-8	F-12	VF-20	EF-40	MS-60
1798 Knob 9	Inc. Above	350.	400.	475.	850.	1700.	12,000.
1798 10 Arrows	Inc. Above	350.	400.	475.	700.	1350.	12,000.
1798 Close Date	Inc. Above	350.	400.	475.	700.	1350.	12,000.
1798 Wide Date, 13 Arrows	Inc. Above	350.	400.	475.	700.	1350.	12,000.
1799/98 13 Star Rev.	423,515	350.	400.	475.	700.	1350.	16,000.
1799/98 15 Star Rev.	Inc. Above	450.	550.	1000.	1200.	2100.	16,000.
1799 Irregular Date, 13 Star Reverse	Inc. Above	350.	400.	475.	700.	1350.	12,000.
1799 Irregular Date, 15 Star Reverse	Inc. Above	350.	400.	475.	700.	1350.	12,000.
1799 Normal Date	Inc. Above	350.	400.	475.	700.	1350.	12,000.
1799 Stars-8 Left, 5 Right	Inc. Above	450.	550.	900.	1200.	2100.	12,000.
1800	229,920	350.	400.	475.	700.	1350.	12,000.
1800 Very Wide Date, Low 8	Inc. Above	350.	400.	475.	700.	1350.	12,000.
1800 Dotted Date	Inc. Above	350.	400.	475.	700.	1350.	12,000.
1800 12 Arrows	Inc. Above	350.	400.	475.	700.	1350.	12,000.
1800 10 Arrows	Inc. Above	350.	400.	475.	700.	1350.	12,000.
1800 AMERICAI	Inc. Above	350.	400.	475.	850.	1650.	12,000.
1801	54,454	350.	400.	475.	850.	1850.	12,000.
1801 Restrike	Unknown	PROOF ONLY—EXTREMELY RARE					
1802/1 Narrow Date	41,650	425.	500.	825.	950.	2000.	12,000.
1802/1 Wide Date	Inc. Above	425.	500.	700.	900.	1600.	12,000.
1802 Narrow Date	Inc. Above	450.	525.	700.	900.	1600.	12,000.
1802 Wide Date	Inc. Above	450.	525.	700.	900.	1600.	12,000.
1802 Restrike	Unknown	PROOF ONLY—EXTREMELY RARE					
1803 Large 3	85,634	350.	400.	600.	900.	1600.	12,000.
1803 Small 3	Inc. Above	350.	450.	700.	1100.	1800.	10,000.
1803 Restrike	Unknown	PROOF ONLY—EXTREMELY RARE					
1804 (3 Varieties)	15 Known	Auction '89 Sale 990,000.					

GOBRECHT TYPE (PATTERNS)
1836-1839

THESE PATTERN COINS DESIGNED BY CHRISTIAN GOBRECHT LED TO THE INTRODUCTION OF THE U.S. LIBERTY SEATED COINAGE ALTHOUGH THESE PATTERNS WERE NEVER INTENDED TO CIRCULATE, SEVERAL EXISTING SPECIMENS SHOW CONSIDERABLE WEAR.

DATE	MINTAGE	VF-20	EF-40	Prf-65
1836 No Stars Obv.	Est. 1000	3800.	4500.	7000.
1838 No Stars Rev.	Est. 25	3000.	3400.	11,500.
1839 No Stars Rev.	Est. 300	4750.	6000.	8000.

LIBERTY SEATED TYPE
1840-1873

VARIETY ONE - NO MOTTO ABOVE EAGLE 1840-1866

DIAMETER—38.1mm
WEIGHT—26.73 Grams
COMPOSITION—.900 Silver, .100 Copper
DESIGNER—Christian Gobrecht
EDGE—Reeded

DATE	MINTAGE	G-4	VG-8	F-12	VF-20	EF-40	MS-60	MS-65	Prf-65
1840	61,005	170.	225.	265.	340.	525.	1400.	—	—
1841	173,000	120.	190.	250.	300.	400.	900.	27,500.	—
1842	184,618	100.	170.	250.	300.	400.	900.	27,500.	—
1843	165,100	100.	170.	250.	300.	400.	900.	27,500.	—
1844	20,000	200.	260.	310.	420.	600.	1900.	—	—
1845	24,500	190.	250.	290.	380.	575.	1900.	—	—
1846	110,600	100.	170.	250.	300.	400.	900.	27,500.	—
1846 O	59,000	225.	250.	300.	425.	600.	4000.	—	—
1847	140,750	100.	170.	250.	300.	400.	900.	27,500.	—
1848	15,000	250.	325.	475.	625.	800.	2000.	27,500.	—
1849	62,600	150.	190.	250.	300.	400.	1800.	27,500.	—
1850	7,500	300.	400.	575.	775.	950.	3500.	—	—
1850 O	40,000	275.	375.	600.	900.	1200.	3500.	—	—
1851	1,300					RARE			
1852	1,100					RARE			

EDMUND'S U.S. COIN PRICES

SILVER DOLLARS

Date	Mintage	G-4	VG-8	F-12	VF-20	EF-40	MS-60	MS-65	Prf-65
1853	46,110	165.	225.	275.	375.	500.	1200.	—	—
1854	33,140	525.	725.	1000.	1400.	2000.	5700.	—	—
1855	26,000	475.	650.	900.	1200.	1750.	5200.	—	35,000.
1856	63,500	175.	200.	270.	380.	550.	1850.	—	35,000.
1857	94,000	160.	190.	250.	360.	525.	2400.	—	35,000.
1858	Est. 80				PROOF ONLY				42,500.
1859	256,500	275.	350.	475.	625.	775.	2000.	27,500.	20,000.
1859 O	360,000	85.00	125.	175.	200.	320.	900.	27,500.	—
1859 S	20,000	250.	300.	375.	575.	900.	—	—	—
1860	218,930	300.	375.	575.	675.	900.	2100.	27,500.	20,000.
1860 O	515,000	85.00	125.	175.	200.	320.	900.	27,500.	—
1861	78,500	325.	390.	525.	675.	850.	2100.	27,500.	20,000.
1862	12,090	300.	375.	500.	650.	800.	2300.	27,500.	20,000.
1863	27,660	150.	190.	250.	350.	450.	1900.	27,500.	20,000.
1864	31,170	170.	225.	280.	375.	450.	1700.	27,500.	20,000.
1865	47,000	150.	210.	260.	350.	425.	1600.	27,500.	20,000.
1866	2 Known			Not Issued For Circulation					

**VARIETY TWO -
MOTTO ABOVE EAGLE
1866-1873**

DIAMETER—38.1mm
WEIGHT—26.73 Grams
COMPOSITION—.900 Silver,
 .100 Copper
DESIGNER—Christian Gobrecht
EDGE—Reeded

DATE	MINTAGE	G-4	VG-8	F-12	VF-20	EF-40	MS-60	MS-65	Prf-65
1866	49,625	150.	220.	250.	350.	475.	2300.	30,000.	18,000.
1867	47,525	150.	220.	250.	350.	475.	2300.	30,000.	18,000.
1868	162,700	135.	175.	225.	300.	400.	2200.	30,000.	18,000.
1869	424,300	110.	150.	120.	275.	385.	2200.	30,000.	18,000.
1870	416,000	100.	140.	195.	260.	350.	2200.	30,000.	18,000.
1870 CC	12,462	285.	375.	475.	600.	750.	2600.	—	—
1870 S	Unknown			A.N.A. Auction 1978 VF					39,000.
1871	1,074,760	85.00	125.	160.	200.	320.	900.	30,000.	18,000.
1871 CC	1,376	1200.	1650.	2000.	2900.	4200.	7800.	—	—
1872	1,106,450	85.00	125.	160.	200.	320.	900.	30,000.	18,000.
1872 CC	3,150	850.	1200.	1500.	2000.	2850.	4700.	—	—
1872 S	9,000	250.	325.	475.	750.	1000.	3400.	—	—
1873	293,600	100.	140.	190.	275.	375.	2300.	30,000.	18,000.
1873 CC	2,300	2300.	3000.	3800.	5000.	7500.	16,000.	—	—
1873 S	700			None Known To Exist					

EDMUND'S U.S. COIN PRICES

TRADE DOLLARS
1873-1885

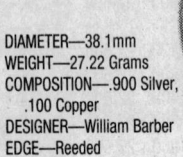

DIAMETER—38.1mm
WEIGHT—27.22 Grams
COMPOSITION—.900 Silver, .100 Copper
DESIGNER—William Barber
EDGE—Reeded

DATE	MINTAGE	G-4	VG-8	F-12	VF-20	EF-40	MS-60	MS-65	Prf-65
1873	397,500	80.00	90.00	110.	160.	240.	1100.	20,000.	20,000.
1873 CC	124,500	145.	170.	200.	250.	400.	1600.	20,000.	—
1873 S	703,000	90.00	105.	125.	170.	275.	1300.	14,000.	—
1874	987,800	100.	120.	150.	200.	300.	725.	10,000.	20,000.
1874 CC	1,373,200	75.00	85.00	100.	120.	220.	1000.	18,000.	—
1874 S	2,549,000	70.00	75.00	90.00	110.	200.	675.	10,000.	—
1875	218,900	220.	250.	325.	575.	850.	1800.	20,000.	20,000.
1875 CC	1,573,700	70.00	75.00	90.00	110.	200.	950.	20,000.	—
1875 S	4,487,000	55.00	65.00	75.00	90.00	170.	675.	10,000.	—
1875 S/CC	Inc. Above	220.	270.	350.	500.	725.	1600.	—	—
1876	456,150	65.00	75.00	90.00	110.	200.	675.	10,000.	20,000.
1876 CC	509,000	80.00	90.00	110.	160.	240.	1000.	15,000.	—
1876 S	5,227,000	55.00	65.00	75.00	90.00	170.	675.	10,000.	—
1877	3,039,710	65.00	70.00	80.00	100.	185.	675.	10,000.	20,000.
1877 CC	534,000	90.00	105.	125.	180.	280.	1250.	15,000.	—
1877 S	9,519,000	55.00	65.00	75.00	90.00	170.	675.	10,000.	—
1878	900					PROOF ONLY			24,000.
1878 CC	97,000	200.	250.	340.	475.	800.	2650.	—	—
1878 S	4,162,000	55.00	65.00	75.00	90.00	170.	675.	10,000.	—
1879	1,541					PROOF ONLY			24,000.
1880	1,987					PROOF ONLY			22,000.
1881	960					PROOF ONLY			22,000.
1882	1,097					PROOF ONLY			22,000.
1883	979					PROOF ONLY			22,000.
1884	10				May 1985 Hanks & Associates Sale—PROOF				50,000.
1885	5				August 1980 Auction '80 Sale—PROOF				110,000.

SILVER DOLLARS

MORGAN TYPE
1878-1921

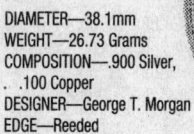

DIAMETER—38.1mm
WEIGHT—26.73 Grams
COMPOSITION—.900 Silver,
. .100 Copper
DESIGNER—George T. Morgan
EDGE—Reeded
PURE SILVER CONTENT—.77344 Tr. Oz.

DATE	MINTAGE	VG-8	F-12	VF-20	EF-40	AU-50	MS-60	MS-65	Prf-65
1878 8 Tail Feathers	750,000	16.00	17.00	22.50	30.00	37.50	60.00	1850.	9000.
1878 7/8 Tail Feathers	9,759,550	16.00	18.00	27.50	40.00	60.00	65.00	2750.	—
1878 7 Tail Feathers, 2nd Reverse	Inc. Above	—	21.00	23.00	26.50	30.00	50.00	1900.	9000.
1878 7 Tail Feathers, 3rd Reverse	Inc. Above	—	21.00	23.00	26.50	30.00	65.00	2900.	—
1878 S	9,744,000	—	21.00	22.00	23.00	24.00	38.00	320.	—
1878 CC	2,212,000	30.00	33.00	40.00	44.00	58.00	120.	1750.	—
1879	14,807,100	—	—	—	16.00	17.50	35.00	1450.	5400.
1879 O	2,887,000	—	—	—	16.00	17.50	52.50	4400.	—
1879 S 2nd Reverse	9,110,000	—	—	—	16.00	17.50	90.00	6600.	—
1879 S 3rd Reverse	Inc. Above	—	—	—	16.00	17.50	35.00	160.	—
1879 CC	756,000	30.00	40.00	75.00	240.	425.	1300.	16,500.	—
1880	12,601,335	—	—	—	16.00	17.50	32.00	2250.	5400.
1880 8/7	Inc. Above	95.00	120.	185.	265.	425.	—	—	—
1880 O	5,305,000	—	—	—	16.00	17.50	60.00	22,500.	—
1880 O 8/7	Inc. Above	42.50	52.50	65.00	80.00	100.	60.00	22,500.	—
1880 S	8,900,000	—	—	—	16.00	17.50	32.00	160.	—
1880 S 8/7	Inc. Above	—	—	—	—	—	80.00	—	—
1880/79 CC 2nd Rev	591,000	46.00	55.00	70.00	87.50	125.	235.	2000.	—
1880 CC 2nd Rev	Inc. Above	46.00	55.00	70.00	87.50	125.	200.	1850.	—
1880 CC 3rd Rev	Inc. Above	46.00	55.00	70.00	87.50	125.	180.	1150.	—
1880 CC 8/7 3rd Rev. High 7	Inc. Above	—	—	—	—	—	235.	2000.	—
1880 CC 8/7 3rd Rev. Low 7	Inc. Above	—	—	—	—	—	375.	2000.	—
1881	9,163,975	—	—	—	16.00	17.50	32.00	1950.	5400.
1881 O	5,708,000	—	—	—	16.00	17.50	30.00	2700.	—
1881 S	12,760,000	—	—	—	16.00	17.50	32.00	160.	—
1881 CC	296,000	79.00	88.00	100.	115.	145.	225.	650.	—
1882	11,101,100	—	—	—	16.00	17.50	32.00	650.	5400.
1882 O	6,090,000	—	—	—	16.00	17.50	30.00	2350.	—
1882 O/S	Inc. Above	—	—	—	16.00	17.50	40.00	2800.	—
1882 S	9,250,000	—	—	—	16.00	17.50	34.00	160.	—
1882 CC	1,133,000	30.00	33.00	40.00	45.00	52.50	95.00	375.	—
1883	12,291,039	—	—	—	16.00	17.50	32.00	190.	5400.

EDMUND'S U.S. COIN PRICES

SILVER DOLLARS

DATE	MINTAGE	VG-8	F-12	VF-20	EF-40	AU-50	MS-60	MS-65	Prf-65
1883 O	8,725,000	—	—	—	16.00	17.50	25.00	170.	—
1883 S	6,250,000	—	—	21.00	36.00	170.	360.	36,000.	—
1883 CC	1,204,000	30.00	33.00	40.00	45.00	54.00	95.00	290.	—
1884	14,070,875	—	—	—	16.00	17.50	32.00	425.	5400.
1884 O	9,730,000	—	—	—	16.00	17.50	25.00	160.	—
1884 S	3,200,000	—	—	21.00	27.50	275.	1800.	130,000.	—
1884 CC	1,136,000	40.00	42.50	47.50	52.50	65.00	110.	275.	—
1885	17,787,767	—	—	—	16.00	17.50	28.00	160.	5400.
1885 O	9,185,000	—	—	—	16.00	17.50	25.00	160.	—
1885 S	1,497,000	—	21.00	23.00	35.00	70.00	120.	1750.	—
1885 CC	228,000	150.	155.	175.	195.	240.	275.	900.	—
1886	19,963,886	—	—	—	16.00	17.50	25.00	160.	5400.
1886 O	10,710,000	—	—	—	24.00	62.50	360.	24,000.	—
1886 S	750,000	30.00	32.00	40.00	47.50	75.00	125.	2750.	—
1887	20,290,710	—	—	—	16.00	17.50	25.00	160.	5400.
1887 O	11,550,000	—	—	—	21.00	33.00	47.50	6700.	—
1887 S	1,771,000	—	21.00	24.00	26.50	37.50	85.00	4500.	—
1888	19,183,833	—	—	—	16.00	17.50	25.00	300.	5400.
1888 O	12,150,000	—	—	—	23.00	30.00	25.00	1000.	—
1888 S	657,000	31.00	35.00	55.00	67.50	85.00	130.	3600.	—
1889	21,726,811	—	—	—	16.00	17.50	25.00	850.	5400.
1889 O	11,875,000	—	—	—	24.00	31.00	80.00	5750.	—
1889 S	700,000	31.00	36.00	52.50	60.00	80.00	125.	2250.	—
1889 CC	350,000	180.	240.	400.	800.	2200.	6500.	130,000.	—
1890	16,802,590	—	—	—	21.00	25.00	30.00	5000.	5400.
1890 O	10,710,000	—	—	21.00	24.00	33.00	47.50	2600.	—
1890 S	8,230,373	21.00	22.00	23.00	28.50	36.00	60.00	1100.	—
1890 CC	2,309,041	30.00	33.50	40.00	50.00	77.50	225.	5200.	—
1890 CC Tail Bar	Inc. Above	—	—	40.00	50.00	77.50	225.	5200.	—
1891	8,694,206	—	21.00	22.00	26.00	52.50	65.00	8250.	5400.
1891 O	7,954,529	—	21.00	22.00	26.00	52.50	60.00	9500.	—
1891 S	5,296,000	21.00	22.00	24.00	28.50	32.50	60.00	1900.	—
1891 CC	1,618,000	30.00	33.00	40.00	50.00	75.00	220.	3250.	—
1892	1,037,245	21.00	22.00	26.50	32.00	42.50	115.	4000.	5400.
1892 O	2,744,000	21.00	22.00	26.50	32.00	42.50	130.	5700.	—
1892 S	1,200,000	24.00	32.00	67.50	210.	900.	6250.	60,000.	—
1892 CC	1,352,000	40.00	45.00	55.00	92.50	205.	375.	5200.	—
1893	378,792	45.00	55.00	68.50	125.	210.	325.	5600.	5400.
1893 O	300,000	52.00	75.00	125.	300.	415.	1100.	200,000.	—
1893 S	100,000	1000.	1350.	2000.	3600.	11,000.	20,000.	190,000.	—
1893 CC	677,000	50.00	70.00	170.	425.	525.	800.	85,000.	—
1894	110,972	265.	350.	400.	625.	900.	925.	16,500.	5400.
1894 O	1,723,000	22.00	25.00	30.00	42.00	95.00	450.	12,000.	—
1894 S	1,260,000	26.50	34.00	67.50	135.	255.	365.	4750.	—
1895	12,880			STRUCK IN PROOF ONLY					40,000.
1895 O	450,000	55.00	70.00	150.	370.	700.	2250.	35,000.	—
1895 S	400,000	76.00	100.	185.	590.	1100.	875.	27,500.	—
1896	9,967,762	—	—	—	16.00	17.50	25.00	260.	5400.
1896 O	4,900,000	—	—	21.00	27.50	92.50	780.	32,000.	—
1896 S	5,000,000	24.00	31.00	52.50	120.	300.	585.	16,000.	—
1897	2,822,731	—	—	—	16.00	17.50	25.00	475.	5400.

EDMUND'S U.S. COIN PRICES

SILVER DOLLARS

DATE	MINTAGE	VG-8	F-12	VF-20	EF-40	AU-50	MS-60	MS-65	Prf-65
1897 O	4,004,000	—	—	22.00	26.50	66.00	425.	42,500.	—
1897 S	5,825,000	—	21.00	25.00	28.50	36.00	65.00	850.	—
1898	5,884,735	—	—	—	16.00	17.50	25.00	375.	5400.
1898 O	4,440,000	—	—	—	16.00	17.50	25.00	160.	—
1898 S	4,102,000	21.00	22.00	25.00	28.50	60.00	170.	2100.	—
1899	330,846	47.50	60.00	74.00	87.50	100.	100.	1300.	5400.
1899 O	12,290,000	—	—	—	16.00	17.50	25.00	160.	—
1899 S	2,562,000	22.00	25.00	34.00	40.00	80.00	165.	2300.	—
1900	8,880,938	—	—	—	16.00	17.50	25.00	220.	5400.
1900 O	12,590,000	—	—	—	16.00	17.50	25.00	235.	—
1900 O/CC	Inc. Above	—	—	22.50	27.50	50.00	120.	2250.	—
1900 S	3,540,000	21.00	22.00	25.00	27.50	55.00	130.	2250.	—
1901	6,962,813	31.00	35.00	42.00	52.50	240.	975.	65,000.	5400.
1901 O	13,320,000	—	—	—	16.00	17.50	25.00	425.	—
1901 S	2,284,000	21.00	26.50	32.50	42.50	80.00	260.	3900.	—
1902	7,994,777	—	21.00	23.00	26.50	42.50	60.00	675.	5400.
1902 O	8,636,000	—	—	—	16.00	17.50	25.00	250.	—
1902 S	1,530,000	37.00	40.00	80.00	125.	175.	220.	3100.	—
1903	4,652,755	—	21.00	23.00	26.50	40.00	47.50	320.	5400.
1903 O	4,450,000	180.	200.	240.	280.	340.	250.	650.	—
1903 S	1,241,000	26.00	31.00	52.50	180.	660.	2000.	6800.	—
1904	2,788,650	—	21.00	23.00	26.50	60.00	85.00	5000.	5400.
1904 O	3,720,000	—	—	—	16.00	17.50	25.00	160.	—
1904 S	2,304,000	31.00	46.00	60.00	150.	525.	975.	7700.	—
1921	44,690,000	—	—	—	16.00	17.50	22.50	220.	—
1921 D	20,345,000	—	—	—	16.00	17.50	30.00	600.	—
1921 S	21,695,000	—	—	—	16.00	17.50	30.00	5200.—	

PEACE TYPE
1921-1935

DIAMETER—38.1mm
WEIGHT—26.73 Grams
COMPOSITION—
.900 Silver, .100 Copper
DESIGNER—
Anthony De Francisci
EDGE—Reeded
PURE SILVER CONTENT—
.77344 Tr. Oz.

DATE	MINTAGE	VG-8	F-12	VF-20	EF-40	AU-50	MS-60	MS-65
1921	1,006,473	20.00	26.00	35.00	45.00	85.00	125.	2300.
1922	51,737,000	—	—	—	10.00	12.00	15.00	200.
1922 D	15,063,000	—	—	—	10.00	12.00	30.00	925.
1922 S	17,475,000	—	—	—	10.00	12.00	35.00	2700.
1923	30,800,000	—	—	—	10.00	12.00	15.00	160.
1923 D	6,811,000	—	—	—	12.00	18.00	30.00	2000.
1923 S	19,020,000	—	—	—	10.00	12.00	31.00	5500.
1924	11,811,000	—	—	—	12.00	18.00	22.00	260.
1924 S	1,728,000	—	15.00	17.00	20.00	50.00	78.00	7000.
1925	10,198,000	—	—	—	12.00	18.00	20.00	210.

SILVER DOLLARS / EISENHOWER DOLLARS

1925 S	1,610,000	—	13.00	15.00	17.00	32.50	57.50	10,000.
1926	1,939,000	—	10.00	14.00	16.00	20.00	24.00	625.
1926 D	2,348,700	—	—	12.50	16.00	30.00	50.00	1200.
1926 S	6,980,000	—	—	12.00	16.00	20.00	33.00	2150.
1927	848,000	15.00	17.00	20.00	22.00	32.50	58.00	6250.
1927 D	1,268,900	15.00	17.00	18.00	23.00	85.00	165.	6400.
1927 S	866,000	13.00	15.00	16.00	20.00	47.00	110.	7500.
1928	360,649	100.	105.	120.	125.	170.	200.	4500.
1928 S	1,632,000	13.00	15.00	16.00	18.00	47.00	75.00	16,000.
1934	954,057	15.00	17.00	20.00	24.00	36.00	57.00	2100.
1934 D	1,569,500	12.00	15.00	16.00	18.00	37.50	80.00	2400.
1934 S	1,011,000	17.00	20.00	40.00	160.	550.	1100.	7500.
1935	1,576,000	12.00	15.00	17.00	20.00	28.00	48.00	1300.
1935 S	1,964,000	—	10.00	12.00	17.00	70.00	105.	1650.

EISENHOWER TYPE
1971-1978

DIAMETER—38.1mm
WEIGHT—Silver Clad—24.50 Grams,
  Copper-Nickel Clad—22.68 Grams
COMPOSITION—Silver Issue, .800 Silver,
  .200 Copper Outer Layers
  .210 Silver, .790 Copper Inner Core
  .400 Silver Overall
  Copper Clad Issue—.750 Copper, .
  250 Nickel Outer Layers Pure Copper Inner Core
DESIGNER—Frank Gasparro
EDGE—Reeded
PURE SILVER CONTENT FOR SILVER ISSUE—.31625 Tr. Oz.

NOTE: This type has been divided into two separate listings because different metallic compositions were used concurrently from 1971 to 1974. The Eisenhower dollars of 1976 are listed on the following page with the other bicentennial coinage.

.400 SILVER CLAD COMPOSITION 1971-1974

DATE	MINTAGE	MS-65	Prf-65
1971 S	6,868,530	5.00	—
1971 S Proof	4,265,234	—	6.50
1972 S	2,193,056	9.00	—
1972 S Proof	1,811,631	—	8.50
1973 S	1,883,140	20.00	—
1973 S Proof	1,013,646	—	45.00
1974 S	1,900,000	11.00	—
1974 S Proof	1,306,579	—	12.00

EDMUND'S U.S. COIN PRICES

EISENHOWER DOLLARS/SUSAN B. ANTHONY

COPPER-NICKEL CLAD COMPOSITION 1971-1978

DATE	MINTAGE	MS-65	Prf-65
1971	47,799,000	3.00	—
1971 D	68,587,424	2.50	—
1972	75,890,000	3.00	—
1972 D	92,548,511	2.25	—
1973	2,000,056	6.00	—
1973 D	2,000,000	6.00	—
1973 S	2,769,624 PROOF ONLY		5.00
1974	27,366,000	2.25	—
1974 D	35,466,000	2.25	—
1974 S	2,617,350 PROOF ONLY		5.00
1977	12,596,000	1.75	—
1977 D	32,938,006	1.75	—
1977 S	3,251,152 PROOF ONLY		4.25
1978	25,702,000	1.75	—
1978 D	33,012,890	1.75	—
1978 S	3,127,788 PROOF ONLY		4.25

SUSAN B. ANTHONY TYPE
1979-1981

DIAMETER—26.5mm
WEIGHT—8.1 Grams
COMPOSITION—Copper-Nickel Clad Copper
DESIGNER—Frank Gasparro
EDGE—Reeded

DATE	MINTAGE	MS-65	Prf-65
1979 P	360,222,000	1.50	—
1979 D	288,015,744	1.50	—
1979 S	109,576,000	2.00	8.00
1980 P	27,610,000	1.75	—
1980 D	41,628,708	1.75	—
1980 S	20,422,000	3.00	8.00
1981 P	3,000,000	4.50	—
1981 D	3,250,000	4.50	—
1981 S	3,492,000	4.50	8.00

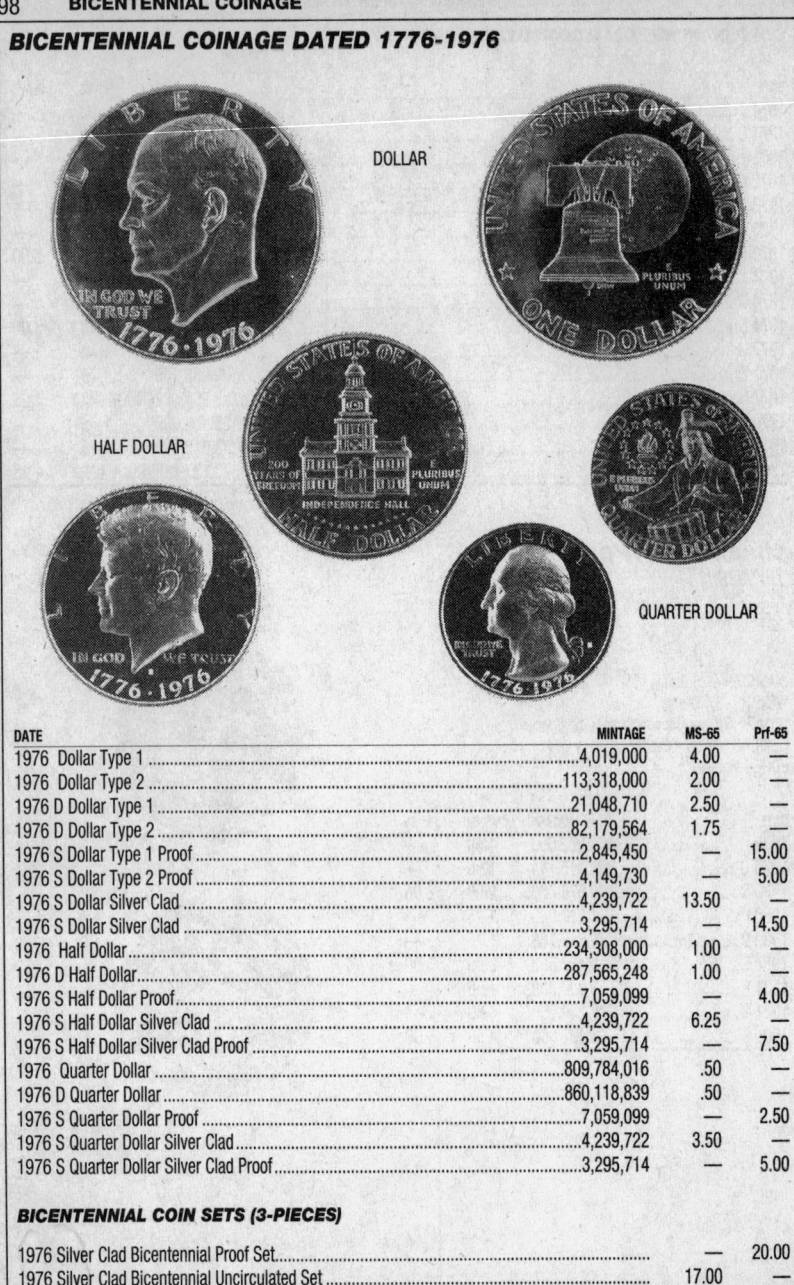

BICENTENNIAL COINAGE DATED 1776-1976

DOLLAR

HALF DOLLAR

QUARTER DOLLAR

DATE	MINTAGE	MS-65	Prf-65
1976 Dollar Type 1	4,019,000	4.00	—
1976 Dollar Type 2	113,318,000	2.00	—
1976 D Dollar Type 1	21,048,710	2.50	—
1976 D Dollar Type 2	82,179,564	1.75	—
1976 S Dollar Type 1 Proof	2,845,450	—	15.00
1976 S Dollar Type 2 Proof	4,149,730	—	5.00
1976 S Dollar Silver Clad	4,239,722	13.50	—
1976 S Dollar Silver Clad	3,295,714	—	14.50
1976 Half Dollar	234,308,000	1.00	—
1976 D Half Dollar	287,565,248	1.00	—
1976 S Half Dollar Proof	7,059,099	—	4.00
1976 S Half Dollar Silver Clad	4,239,722	6.25	—
1976 S Half Dollar Silver Clad Proof	3,295,714	—	7.50
1976 Quarter Dollar	809,784,016	.50	—
1976 D Quarter Dollar	860,118,839	.50	—
1976 S Quarter Dollar Proof	7,059,099	—	2.50
1976 S Quarter Dollar Silver Clad	4,239,722	3.50	—
1976 S Quarter Dollar Silver Clad Proof	3,295,714	—	5.00

BICENTENNIAL COIN SETS (3-PIECES)

1976 Silver Clad Bicentennial Proof Set		—	20.00
1976 Silver Clad Bicentennial Uncirculated Set		17.00	—

EDMUND'S U.S. COIN PRICES

GOLD DOLLARS
1849-1889

TYPE 1 - LIBERTY HEAD 1849-1854

DIAMETER—13mm
WEIGHT—1.672 Grams
COMPOSITION—.900 Gold, .100 Copper
DESIGNER—James B. Longacre
EDGE—Reeded
PURE GOLD CONTENT—.04837 Tr. Oz.

DATE	MINTAGE	F-12	VF-20	EF-40	MS-60
1849 Open Wreath	688,567	140.	160.	200.	650.
1849 Closed Wreath	Inc. Above	140.	160.	200.	650.
1849 C Open Wreath	11,634	Auction '79		Sale EF	90,000.
1849 C Closed Wreath	Inc. Above	275.	450.	675.	4250.
1849 D	21,588	325.	750.	1000.	2950.
1849 O	215,000	135.	210.	250.	925.
1850	481,953	125.	150.	180.	425.
1850 C	6,966	250.	575.	775.	6250.
1850 D	8,382	350.	750.	1000.	6000.
1850 O	14,000	135.	225.	275.	2750.
1851	3,317,671	125.	150.	180.	425.
1851 C	41,267	250.	450.	575.	2250.
1851 D	9,882	275.	800.	1000.	3750.
1851 O	290,000	125.	150.	180.	700.
1852	2,045,351	125.	150.	180.	425.
1852 C	9,434	275.	575.	775.	3250.
1852 D	6,360	275.	800.	1000.	5800.
1852 O	140,000	170.	200.	240.	1000.
1853	4,076,051	125.	150.	180.	425.
1853 C	11,515	250.	440.	675.	4250.
1853 D	6,583	250.	800.	1000.	6500.
1853 O	290,000	125.	150.	240.	600.
1854	736,709	125.	150.	180.	425.
1854 D	2,935	375.	1000.	1600.	14,000.
1854 S	14,632	250.	350.	450.	1750.

TYPE 2 - INDIAN HEAD SMALL HEAD 1854-1856

DIAMETER—15mm
WEIGHT—1.672 Grams
COMPOSITION—.900 Gold, .100 Copper
DESIGNER—James B. Longacre
EDGE—Reeded
PURE GOLD CONTENT—.04837 Tr. Oz.

DATE	MINTAGE	F-12	VF-20	EF-40	MS-60
1854	902,736	220.	280.	525.	2400.
		Nov. 1979	Garrett	Sale Proof	90,000.
1855	758,269	220.	280.	525.	2400.
1855 C	9,803	700.	1000.	2400.	11,000.
1855 D	1,811	1500.	2500.	5000.	20,000.
1855 O	55,000	365.	600.	850.	7000.

GOLD DOLLARS

1856 S	24,600	365.	675.	1200.	8000.

TYPE 3 - INDIAN HEAD, LARGE HEAD 1856-1889

DIAMETER—15mm
WEIGHT—1.672 Grams
COMPOSITION—.900 Gold, .100 Copper
DESIGNER—James B. Longacre
EDGE—Reeded
PURE GOLD CONTENT—.04837 Tr. Oz.

DATE	MINTAGE	F-12	VF-20	EF-40	MS-60	Prf-65
1856 Upright 5	1,762,936	125.	150.	175.	650.	—
1856 Slant 5	Inc. Above	125.	150.	175.	400.	—
1856 D	1,460	2350.	3850.	6750.	22,000.	—
1857	774,789	125.	150.	175.	400.	—
1857 C	13,280	225.	500.	1200.	10,000.	—
1857 D	3,533	375.	825.	1850.	11,500.	—
1857 S	10,000	300.	500.	800.	8700.	—
1858	117,995	125.	150.	175.	400.	18,500.
1858 D	3,477	475.	800.	1350.	7800.	—
1858 S	10,000	325.	425.	650.	6750.	—
1859	168,244	125.	150.	175.	400.	18,500.
1859 C	5,235	225.	500.	800.	11,000.	—
1859 D	4,952	250.	800.	1400.	7800.	—
1859 S	15,000	225.	325.	450.	7100.	—
1860	36,668	125.	150.	175.	400.	18,500.
1860 D	1,566	2100.	3650.	6000.	26,000.	—
1860 S	13,000	225.	340.	390.	2300.	—
1861	527,499	125.	150.	175.	400.	18,500.
1861 D	Unknown	3650.	8250.	14,000.	40,000.	—
1862	1,361,390	125.	150.	175.	400.	18,500.
1863	6,250	225.	475.	800.	4500.	18,500.
1864	5,950	225.	450.	625.	1550.	18,500.
1865	3,725	225.	450.	750.	1650.	18,500.
1866	7,130	225.	340.	450.	1150.	18,500.
1867	5,250	225.	340.	425.	1250.	18,500.
1868	10,525	225.	340.	375.	1150.	18,500.
1869	5,925	225.	350.	400.	1400.	18,500.
1870	6,335	225.	340.	400.	1100.	18,500.
1870 S	3,000	375.	525.	1200.	3100.	—
1871	3,930	225.	362.	525.	775.	18,500.
1872	3,530	225.	365.	525.	925.	18,500.
1873 Closed 3	125,125	225.	315.	575.	3400.	18,500.
1873 Open 3	Inc. Above	125.	150.	175.	400.	—
1874	198,820	125.	150.	175.	400.	19,000.
1875	420	1850.	2650.	3750.	9250.	22,000.
1876	3,245	225.	345.	400.	925.	18,500.
1877	3,920	225.	365.	575.	785.	18,500.
1878	3,020	225.	365.	575.	800.	18,500.
1879	3,030	225.	365.	600.	575.	18,500.
1880	1,636	225.	365.	600.	950.	18,500.
1881	7,707	225.	340.	365.	500.	18,500.
1882	5,125	225.	340.	390.	500.	18,500.

GOLD DOLLARS/QUARTER EAGLES

DATE	MINTAGE	F-12	VF-20	EF-40	MS-60	Prf-65
1883	11,007	150.	200.	240.	500.	18,500.
1884	6,236	225.	315.	365.	500.	18,500.
1885	12,261	150.	200.	240.	500.	18,500.
1886	6,016	225.	340.	400.	500.	18,500.
1887	8,543	165.	225.	250.	500.	18,500.
1888	16,580	150.	200.	240.	500.	18,500.
1889	30,729	150.	200.	240.	400.	18,500.

QUARTER EAGLES
1796-1929

($2.50 GOLD PIECES)

LIBERTY CAP TYPE
1796-1807

VARIETY TWO
STARS ON OBVERSE
1796-1807

VARIETY ONE
NO STARS ON
OBVERSE 1796

DIAMETER—20mm
WEIGHT—4.37 Grams
COMPOSITION—.9167 Gold, .0833 Copper
DESIGNER—Robert Scot
EDGE—Reeded

DATE	MINTAGE	F-12	VF-20	EF-40	MS-60
1796 No Stars	963	10,000.	16,000.	27,500.	50,000.
1976 Stars	432	7000.	9500.	15,000.	35,000.
1797	427	7000.	9500.	15,000.	35,000.
1798	1,094	2500.	4000.	6500.	18,500.
1802/1	3,035	2500.	3800.	5800.	16,500.
1804 13 Star Reverse	3,327	10,000.	17,500.	27,500.	—
1804 14 Star Reverse	Inc. Above	2500.	3800.	5800.	16,500.
1805	1,781	2500.	3800.	5800.	16,500.
1807/4	1,616	2500.	3800.	5800.	16,500.
1806/5	Inc. Above	4200.	6750.	10,500.	20,000.
1807	6,812	2500.	3800.	5800.	16,500.

CAPPED BUST TO LEFT 1808

DIAMETER—20mm
WEIGHT—4.37 Grams
COMPOSITION—.9167 Gold, .0833 Copper
DESIGNER—John Reich
EDGE—Reeded

DATE	MINTAGE	F-12	VF-20	EF-40	MS-60
1808	2,710	9500.	12,500.	24,000.	55,000.

EDMUND'S U.S. COIN PRICES

CAPPED HEAD TO LEFT
1821-1834

DIAMETER—1821-1827 18.5mm
1829-1834 18.2mm
WEIGHT—4.37 Grams
COMPOSITION—.9167 Gold, .0833 Copper
DESIGNER—John Reich
EDGE—Reeded

VARIETY ONE - LARGE DIAMETER 1821-1827

DATE	MINTAGE	F-12	VF-20	EF-40	MS-60
1821	6,448	3200.	4250.	6000.	16,000.
1824/21	2,600	3200.	4250.	6000.	15,000.
1825	4,434	3200.	4250.	6000.	15,000.
1826/25	760	3650.	5750.	10,500.	19,000.
1827	2,800	3200.	4250.	6000.	14,500.

VARIETY TWO - SMALL DIAMETER 1829-1834

DATE	MINTAGE	F-12	VF-20	EF-40	MS-60
1829	3,403	3200.	3750.	5000.	12,000.
1830	4,540	3200.	3750.	5000.	10,000.
1831	4,520	3200.	3750.	5000.	10,000.
1832	4,400	3200.	3750.	5000.	10,000.
1833	4,160	3200.	3750.	5000.	10,000.
1834	4,000	3650.	7250.	12,500.	26,000.

CLASSIC HEAD TYPE
1834-1839

DIAMETER—18.2mm
WEIGHT—4.18 Grams
COMPOSITION—.8992 Gold, .1008 Copper
DESIGNER—William Kneass
EDGE—Reeded

DATE	MINTAGE	F-12	VF-20	EF-40	MS-60
1834	112,234	275.	325.	525.	3000.
1835	131,402	275.	325.	525.	2750.
1836	547,986	275.	325.	525.	2750.
1837	45,080	275.	325.	525.	2750.
1838	47,030	275.	325.	525.	2750.
1838 C	7,880	365.	475.	1500.	8500.
1839	27,021	275.	325.	525.	2750.
1839 C	18,140	325.	450.	1200.	10,500.
1839 D	13,674	600.	900.	1600.	7800.
1839 O	17,781	325.	435.	800.	6700.

CORONET OR LIBERTY HEAD TYPE
1840-1907

DIAMETER—18mm
WEIGHT—4.18 Grams
COMPOSITION—.900 Gold, .100 Copper
DESIGNER— Christian Gobrecht
EDGE—Reeded
PURE GOLD CONTENT—.12094 Tr. Oz.

DATE	MINTAGE	F-12	VF-20	EF-40	MS-60	Prf-65
1840	18,859	200.	350.	575.	2250.	—
1840 C	12,822	275.	500.	1300.	12,500.	—
1840 D	3,532	1250.	2200.	3500.	—	—
1840 O	33,580	200.	250.	350.	6500.	—
1841	Unknown	U.S. Gold Coll. Oct. '82 Prf-63				82,500.
1841 C	10,281	200.	365.	550.	13,500.	—
1841 D	4,164	750.	1500.	2600.	15,000.	—
1842	2,823	275.	525.	850.	13,500.	—
1842 C	6,729	325.	600.	900.	13,000.	—
1842 D	4,643	750.	1400.	2400.	15,500.	—
1842 O	19,800	200.	275.	450.	12,500.	—
1843	100,546	200.	240.	250.	750.	—
1843 C Sm. Date	26,064	775.	1600.	2600.	17,500.	—
1843 C Lg. Date	Inc. Above	200.	400.	625.	6500.	—
1843 D	36,209	200.	525.	850.	6600.	—
1843 O Sm. Date	368,002	200.	240.	250.	1100.	—
1843 O Lg. Date	Inc. Above	200.	250.	325.	2000.	—
1844	6,784	200.	365.	625.	4000.	—
1844 C	11,622	200.	365.	550.	15,500.	—
1844 D	17,332	200.	525.	850.	6500.	—
1845	91,051	200.	280.	330.	1000.	—
1845 D	19,460	200.	500.	750.	5400.	—
1845 O	4,000	425.	900.	1350.	9200.	—
1846	21,598	200.	250.	325.	5000.	—
1846 C	4,808	250.	625.	900.	13,500.	—
1846 D	19,303	325.	550.	850.	7000.	—
1846 O	66,000	200.	250.	325.	3200.	—
1847	29,814	200.	250.	325.	3000.	—
1847 C	23,226	250.	365.	550.	7600.	—
1847 D	15,784	325.	500.	850.	7600.	—
1847 O	124,000	200.	250.	325.	2800.	—
1848	7,497	325.	525.	850.	6500.	—
1848 CAL.	1,389	3650.	4700.	8250.	32,000.	—
1848 C	16,788	250.	365.	575.	8200.	—
1848 D	13,771	325.	525.	850.	7000.	—
1849	23,294	200.	250.	325.	2650.	—
1849 C	10,220	250.	365.	575.	20,000.	—
1849 D	10,945	250.	575.	950.	6600.	—
1850	252,923	180.	200.	225.	875.	—
1850 C	9,148	250.	365.	575.	13,500.	—
1850 D	12,148	250.	525.	850.	13,500.	—

QUARTER EAGLES

DATE	MINTAGE	F-12	VF-20	EF-40	MS-65	Prf-65
1850 O	84,000	200.	250.	325.	2350.	—
1851	1,372,748	180.	200.	225.	750.	—
1851 C	14,923	250.	365.	525.	12,000.	—
1851 D	11,264	250.	525.	900.	11,000.	—
1851 O	148,000	200.	250.	325.	5600.	—
1852	1,159,681	180.	200.	225.	500.	—
1852 C	9,772	275.	450.	850.	17,500.	—
1852 D	4,078	250.	650.	1500.	18,000.	—
1852 O	140,000	200.	250.	325.	1750.	—
1853	1,404,668	180.	200.	225.	500.	—
1853 D	3,178	250.	625.	1200.	16,500.	—
1854	596,258	180.	200.	225.	500.	—
1854 C	7,295	200.	365.	650.	14,500.	—
1854 D	1,760	2200.	3600.	5400.	18,000.	—
1854 O	153,000	200.	250.	325.	1500.	—
1854 S	246	11,500.	22,500.	34,000.	—	—
1855	235,480	180.	200.	225.	800.	—
1855 C	3,677	525.	850.	1350.	15,000.	—
1855 D	1,123	2200.	3750.	5400.	24,000.	—
1856	384,240	200.	250.	325.	450.	35,000.
1856 C	7,913	225.	425.	575.	14,000.	—
1856 D	874	2100.	4200.	6250.	35,000.	—
1856 O	21,100	200.	250.	325.	6300.	—
1856 S	71,120	200.	250.	325.	5200.	—
1857	214,130	180.	200.	225.	425.	—
1857 D	2,364	250.	800.	1200.	10,000.	—
1857 O	34,000	200.	250.	325.	6000.	—
1857 S	69,200	200.	250.	325.	4100.	—
1858	47,377	200.	250.	325.	1400.	22,000.
1858 C	9,056	250.	375.	525.	9200.	—
1859	39,444	200.	250.	325.	1400.	22,000.
1859 D	2,244	250.	750.	1100.	24,000.	—
1859 S	14,200	200.	250.	325.	6300.	—
1860	22,675	200.	250.	325.	1300.	22,000.
1860 C	7,469	250.	375.	600.	20,000.	—
1860 S	35,600	200.	250.	325.	4250.	—
1861	1,283,878	170.	185.	210.	375.	22,000.
1861 S	24,000	200.	250.	325.	5600.	—
1862	98,543	200.	250.	325.	1500.	22,000.
1862/1	Inc. Above	—	1100.	1600.	14,000.	—
1962 S	8,000	200.	250.	400.	16,000.	—
1863	30	PROOF ONLY				80,000.
1863 S	10,800	200.	250.	325.	6700.	—
1864	2,874	1300.	5500.	11,000.	45,000.	22,000.
1865	1,545	1000.	4400.	9800.	34,000.	22,000.
1865 S	23,376	200.	250.	325.	3750.	—
1866	3,110	225.	315.	525.	17,000.	22,000.
1866 S	38,960	200.	250.	325.	8500.	—
1867	3,250	225.	275.	475.	5000.	22,000.
1867 S	28,000	200.	250.	325.	5000.	—
1868	3,625	250.	315.	425.	2650.	22,000.

EDMUND'S U.S. COIN PRICES

QUARTER EAGLES

DATE	MINTAGE	F-12	VF-20	EF-40	MS-60	Prf-65
1868 S	34,000	200.	250.	350.	4500.	—
1869	4,345	200.	250.	350.	4900.	22,000.
1869 S	29,500	200.	250.	325.	4250.	—
1870	4,555	215.	270.	375.	3900.	22,000.
1870 S	16,000	200.	250.	325.	4850.	—
1871	5,350	215.	275.	350.	2450.	22,000.
1871 S	22,000	200.	250.	325.	2450.	—
1872	3,030	225.	275.	425.	4600.	22,000.
1872 S	18,000	200.	250.	325.	4400.	—
1873 Closed 3	178,025	175.	225.	250.	1150.	22,000.
1873 Open 3	Inc. Above	200.	250.	325.	375.	—
1873 S	27,000	200.	250.	325.	3750.	—
1874	3,940	225.	315.	400.	3750.	22,000.
1875	420	1600.	3150.	5750.	10,500.	40,000.
1875 S	11,600	200.	250.	325.	4600.	—
1876	4,221	215.	250.	325.	5200.	22,000.
1876 S	5,000	215.	250.	350.	5200.	—
1877	1,652	340.	475.	750.	3500.	50,000.
1877 S	35,400	160.	190.	225.	875.	—
1878	286,260	130.	160.	180.	260.	19,000.
1878 S	178,000	130.	160.	180.	400.	—
1879	88,990	130.	160.	180.	275.	19,000.
1879 S	43,500	130.	160.	180.	1500.	—
1880	2,996	215.	250.	350.	1500.	22,000.
1881	691	625.	1000.	1850.	15,000.	22,000.
1882	4,067	165.	250.	350.	1250.	19,000.
1883	2,002	165.	250.	425.	2250.	22,000.
1884	2,023	165.	250.	425.	1500.	34,000.
1885	887	525.	900.	1600.	6000.	34,000.
1886	4,088	215.	250.	325.	1350.	19,000.
1887	6,282	200.	250.	325.	1300.	19,000.
1888	16,098	160.	190.	225.	525.	19,000.
1889	17,648	160.	190.	225.	475.	19,000.
1890	8,813	160.	190.	225.	500.	19,000.
1891	11,040	160.	190.	225.	475.	19,000.
1892	2,545	190.	250.	375.	875.	19,000.
1893	30,106	135.	175.	200.	300.	19,000.
1894	4,122	200.	250.	350.	875.	19,000.
1895	6,199	160.	180.	210.	450.	19,000.
1896	19,202	125.	155.	175.	260.	19,000.
1897	29,904	125.	155.	175.	260.	19,000.
1898	24,165	125.	155.	175.	260.	19,000.
1899	27,350	125.	155.	175.	260.	19,000.
1900	67,205	125.	155.	175.	260.	19,000.
1901	91,322	125.	155.	175.	260.	19,000.
1902	133,733	125.	155.	175.	260.	17,000.
1903	201,257	125.	155.	175.	260.	17,000.
1904	160,960	125.	155.	175.	260.	17,000.
1905	217,944	125.	155.	175.	260.	17,000.
1906	176,490	125.	155.	175.	260.	17,000.
1907	336,448	125.	155.	175.	260.	17,000.

QUARTER EAGLES/THREE DOLLAR GOLD

INDIAN HEAD TYPE
1908-1929

DIAMETER—18mm
WEIGHT—4.18 Grams
COMPOSITION—.900 Gold, .100 Copper
DESIGNER— Bela Lyon Pratt
EDGE—Reeded
PURE GOLD CONTENT—.12094 Tr. Oz.

DATE	MINTAGE	F-12	VF-20	EF-40	MS-60	Prf-65
1908	565,057	120.	135.	160.	300.	18,000.
1909	441,899	120.	135.	160.	300.	18,000.
1910	492,682	120.	135.	160.	300.	18,000.
1911	704,191	120.	135.	160.	300.	18,000.
1911 D	55,680	600.	750.	1000.	3300.	—
1912	616,197	120.	135.	160.	300.	18,000.
1913	722,165	120.	135.	160.	300.	18,000.
1914	240,117	120.	135.	160.	300.	19,000.
1914 D	448,000	120.	135.	160.	300.	—
1915	606,100	120.	135.	160.	300.	22,000.
1925 D	578,000	120.	135.	160.	300.	—
1926	446,000	120.	135.	160.	300.	—
1927	388,000	120.	135.	160.	300.	—
1928	416,000	120.	135.	160.	300.	—
1929	532,000	120.	135.	160.	300.	—

THREE DOLLAR GOLD PIECES
1854-1889

DIAMETER—20.5mm
WEIGHT—5.015 Grams
COMPOSITION—.900 Gold, .100 Copper
DESIGNER—James B. Longacre
EDGE—Reeded
PURE GOLD CONTENT—.14512 Tr. Oz.

DATE	MINTAGE	F-12	VF-20	EF-40	MS-60	Prf-65
1854	138,618	375.	550.	675.	2400.	38,000.
1854 D	1,120	4000.	7000.	11,000.	30,000.	—
1854 O	24,000	375.	625.	800.	4250.	—
1855	50,555	375.	550.	675.	2400.	—
1855 S	6,600	565.	775.	1000.	8750.	—
1856	26,010	375.	600.	725.	2500.	—
1856 S	34,500	550.	750.	850.	5600.	—
1857	20,891	375.	550.	725.	2500.	38,000.
1857 S	14,000	550.	775.	950.	5300.	—
1858	2,133	600.	825.	1000.	4800.	38,000.
1859	15,638	375.	550.	750.	2500.	38,000.
1860	7,155	575.	775.	875.	2500.	38,000.

THREE DOLLAR GOLD/FOUR DOLLAR

DATE	MINTAGE	F-12	VF-20	EF-40	MS-60	Prf-65
1860 S	7,000	550.	775.	1100.	5800.	—
1861	6,072	575.	775.	900.	3800.	38,000.
1862	5,785	550.	775.	900.	3800.	38,000.
1863	5,039	625.	775.	900.	4600.	38,000.
1864	2,680	625.	775.	975.	4300.	38,000.
1865	1,165	750.	850.	1250.	7500.	38,000.
1866	4,030	550.	775.	1250.	5000.	38,000.
1867	2,650	625.	850.	1000.	4400.	38,000.
1868	4,875	550.	775.	900.	4400.	38,000.
1869	2,525	600.	775.	925.	5000.	38,000.
1870	3,535	550.	775.	925.	4600.	38,000.
1870 S	2	UNIQUE U.S.Gold Coll. Oct.'82 EF-40 687,500.				
1871	1,330	575.	900.	1000.	4600.	38,000.
1872	2,030	550.	825.	975.	4400.	38,000.
1873 Open 3	25		PROOF ONLY			75,000.
1873 Closed 3 Restrike	Inc. Above	—	—	—11,000.		65,000.
1874	41,820	375.	525.	675.	3500.	38,000.
1875	20	U.S. Gold Coll. Oct. '82 Prf-65				110,000.
1876	45		PROOF ONLY			80,000.
1877	1,488	650.	950.	1500.	5400.	38,000.
1878	82,324	375.	525.	675.	2400.	35,000.
1879	3,030	575.	825.	1000.	3600.	35,000.
1880	1,036	575.	925.	1000.	3600.	35,000.
1881	554	950.	1300.	1800.	4600.	35,000.
1882	1,576	575.	825.	1000.	3800.	35,000.
1883	989	575.	950.	1200.	3800.	35,000.
1884	1,106	575.	850.	1000.	3900.	35,000.
1885	910	575.	850.	1100.	4500.	35,000.
1886	1,142	575.	950.	1000.	4000.	35,000.
1887	6,160	550.	775.	750.	2400.	35,000.
1888	5,291	550.	775.	750.	2400.	35,000.
1889	2,429	550.	775.	750.	2400.	35,000.

FOUR DOLLAR GOLD (STELLA)

THE STELLAS ARE ACTUALLY PATTERN COINS THAT, BECAUSE OF THEIR UNIQUE DENOMINATION, HAVE BEEN COLLECTED ALONG WITH THE REGULAR SERIES.

DATE	MINTAGE		Prf-65
1879 Flowing Hair	415		50,000.
1879 Coiled Hair	10	Aug. 1980 Auction '80 Sale	175,000.
1880 Flowing Hair	15	Aug. 1980 Auction '80 Sale	105,000.
1880 Coiled Hair	10		145,000.

HALF EAGLES
1795-1929
($5.00 GOLD PIECES)

LIBERTY CAP TYPE
SMALL EAGLE REVERSE
1795-1798

DIAMETER—25mm
WEIGHT—8.75 Grams
COMPOSITION—.9167 Gold,
.0833 Copper
DESIGNER—Robert Scot
EDGE—Reeded

DATE	MINTAGE	F-12	VF-20	EF-40	MS-60
1795 Sm. Eagle	8,707	5000.	7500.	9500.	35,000.
1796/5	6,196	5000.	7750.	9750.	24,000.
1797 15 Stars	3,609	5250.	8000.	10,000.	26,000.
1797 16 Stars	Inc. Above	5250.	8000.	10,000.	26,000.
1798 Sm. Eagle	6 Known	U.S. Gold Coll. Oct. '82 VF			77,000.

LIBERTY CAP TYPE
HERALDIC EAGLE REVERSE
1795-1807

DIAMETER—25mm
WEIGHT—8.75 Grams
COMPOSITION—.9167 Gold,
.0833 Copper
DESIGNER—Robert Scot
EDGE—Reeded

DATE	MINTAGE	F-12	VF-20	EF-40	MS-60
1795 Heraldic Eagle	Inc. w/1798	7000.	10,000.	15,000.	45,000.
1797/5	Inc. w/1798	4500.	5500.	9500.	24,000.
1797 16 Stars	Inc. w/1798	UNIQUE - Smithsonian Collection			
1798 Small 8	24,867	1250.	2000.	3800.	10,000.
1798 Lg. 8, 13 Star Rev.	Inc. Above	1250.	2000.	3800.	10,000.
1798 Lg. 8, 14 Star Rev.	Inc. Above	1600.	2750.	4800.	13,000.
1799	7,451	1200.	1900.	3800.	10,000.
1800	37,628	1200.	1600.	3000.	7000.
1802/1	53,176	1200.	1600.	3000.	7000.
1803/2	33,508	1200.	1600.	3000.	7000.
1804 Small 8	30,475	1200.	1600.	3000.	7000.
1804 Large 8	Inc. Above	1200.	1600.	3000.	7000.
1805	33,183	1200.	1600.	3000.	7000.
1806 Pointed 6	64,093	1200.	1600.	3000.	10,000.
1806 Round 6	Inc. Above	1200.	1600.	3000.	9000.
1807	32,488	1200.	1600.	3000.	7000.

HALF EAGLES

CAPPED BUST TO LEFT
1807-1812

DIAMETER—25mm
WEIGHT—8.75 Grams
COMPOSITION—.9167 Gold, .0833 Copper
DESIGNER—John Reich
EDGE—Reeded

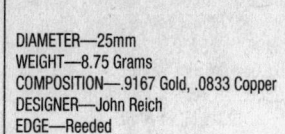

DATE	MINTAGE	F-12	VF-20	EF-20	MS-60
1807	51,605	1300.	2100.	2800.	7000.
1808/7	55,578	1500.	2200.	3400.	7000.
1808	Inc. Above	1300.	2100.	2800.	8200.
1809/8	33,875	1300.	2100.	2800.	7000.
1810 Sm. Date, Sm. 5	100,287	EXTREMELY RARE			
1810 Sm. Date, Lg. 5	Inc. Above	1300.	2100.	2800.	6500.
1810 Lg. Date, Sm. 5	Inc. Above	1700.	2800.	3400.	8500.
1810 Lg. Date, Lg. 5	Inc. Above	1300.	2100.	2800.	6500.
1811 Small 5	99,581	1300.	2100.	2800.	6500.
1811 Large 5	Inc. Above	1300.	2300.	3000.	8500.
1812	58,087	1300.	2100.	2800.	9500.

CAPPED HEAD TO LEFT
1813-1834

DIAMETER—1813-1829 25mm,
   1829-1834 22.5mm
WEIGHT—8.75 Grams
COMPOSITION—.9167 Gold,
   .0833 Copper
DESIGNER—John Reich
EDGE—Reeded

VARIETY ONE - LARGE DIAMETER 1813-1829

DATE	MINTAGE	F-12	VF-20	EF-40	MS-60
1813	95,428	1600.	2000.	2500.	11,000.
1814/13	15,454	1900.	2600.	3300.	12,500.
1815	635	EXTREMELY RARE			
1818	48,588	1600.	2000.	2500.	12,500.
1819	51,723	EXTREMELY RARE			
1820 Curved Base 2, Sm. Letters	263,806	1600.	2000.	2500.	12,500.
1820 Curved Base 2, Lg. Letters	Inc. Above	1600.	2000.	2500.	12,500.
1820 Square Base 2	Inc. Above	1600.	2000.	2500.	12,000.
1821	34,641	3000.	4750.	7750.	15,000.

EDMUND'S U.S. COIN PRICES

HALF EAGLES

DATE	MINTAGE	F-12	VF-20	EF-40	MS-60
1822	17,796	U.S.Gold Coll. Oct.'82 VF			687,500.
1823	14,485	3400.	5000.	8500.	15,000.
1824	17,340	EXREMELY RARE			
1825/21	29,060	3400.	5250.	8000.	16,000.
1825/24	Inc. Above	U.S.Gold Coll. Oct.'82 Prf			220,000.
1826	18,069	2850.	6000.	8000.	20,000.
1827	24,913	EXTREMELY RARE			
1828/7	28,029	EXTREMELY RARE			
1828	Inc. Above	Auction '79 Sale MS-65			110,000.
1829 Large Date	57,442	Superior Sale July'85 MS-65			104,500.

VARIETY TWO - SMALL DIAMETER 1829-1834

DATE	MINTAGE	F-12	VF-20	EF-40	MS-60
1829 Small Date	Inc. Above	EXTREMELY RARE			
1830 Small 5D	126,351	3600.	4400.	5500.	16,000.
1830 Large 5D	Inc. Above	3600.	4400.	5500.	16,000.
1831	140,594	3600.	4400.	5500.	16,000.
1832 Curved Base 2, 12 Stars	157,487	EXTREMELY RARE			
1832 Square Base 2, 13 Stars	Inc. Above	4000.	6700.	9000.	22,000.
1833	193,630	3600.	4400.	5500.	16,000.
1834 Plain 4	50,141	3600.	4400.	5500.	16,000.
1834 Crosslet 4	Inc. Above	3600.	4400.	5500.	16,000.

CLASSIC HEAD TYPE
1834-1838

DIAMETER—22.5mm
WEIGHT—8.36 Grams
COMPOSITION—.8992 Gold, .1008 Copper
DESIGNER—William Kneass
EDGE—Reeded

DATE	MINTAGE	F-12	VF-20	EF-40	MS-60
1834 Plain 4	658,028	250.	300.	450.	3000.
1834 Crosslet 4	Inc. Above	315.	475.	800.	6750.
1835	371,534	250.	300.	450.	3000.
1836	553,147	250.	300.	450.	3000.
1837	207,121	250.	300.	450.	3000.
1838	286,588	250.	300.	450.	3000.
1838 C	17,719	525.	850.	1850.	6250.
1838 D	20,583	575.	1000.	1950.	8500.

HALF EAGLES

CORONET OR LIBERTY HEAD TYPE
1839-1908
**VARIETY ONE - NO MOTTO
ABOVE EAGLE 1839-1866**

DIAMETER—21.6mm
WEIGHT—8.359 Grams
COMPOSITION—.900 Gold, .100 Copper
DESIGNER—Christian Gobrecht
EDGE—Reeded
PURE GOLD CONTENT—.24187 Tr. Oz.

DATE	MINTAGE	F-12	VF-20	EF-40	MS-60
1839	118,143	200.	225.	365.	2750.
1939 C	17,205	250.	475.	800.	2600.
1839 D	18,939	250.	800.	1250.	5000.
1840	137,382	200.	225.	275.	2500.
1840 C	18,992	225.	365.	575.	2100.
1840 D	22,896	225.	700.	1100.	5000.
1840 O	40,120	200.	225.	315.	—
1841	15,833	200.	225.	290.	1900.
1841 C	21,467	225.	365.	575.	2100.
1841 D	30,495	225.	650.	1000.	4500.
1841 O	50	2 KNOWN—EXCEEDINGLY RARE			
1842 Sm. Letters	27,578	200.	225.	315.	1900.
1842 Lg. Letters	Inc. Above	200.	225.	290.	1900.
1842 C Sm. Date	28,184	365.	850.	1550.	4250.
1842 C Lg. Date	Inc. Above	225.	365.	625.	2300.
1842 D Sm. Date	59,608	225.	650.	1000.	4500.
1842 D Lg. Date	Inc. Above	1400.	2750.	4250.	—
1842 O	16,400	225.	425.	575.	3000.
1843	611,205	155.	185.	220.	2000.
1843 C	44,201	200.	340.	525.	3000.
1843 D	98,452	200.	650.	1000.	4500.
1843 O Sm. Letters	19,075	200.	225.	365.	1900.
1843 O Lg. Letters	82,000	200.	225.	315.	2500.
1844	340,330	155.	190.	220.	1850.
1844 C	23,631	200.	400.	600.	3600.
1844 D	88,982	200.	650.	1000.	4500.
1844 O	364,600	165.	200.	250.	2300.
1845	417,099	155.	190.	220.	1850.
1845 D	90,629	250.	650.	1000.	4500.
1845 O	41,000	200.	225.	315.	3600.
1846	395,942	155.	190.	220.	1850.
1846 C	12,995	315.	525.	750.	4000.
1846 D	80,294	225.	650.	1000.	4500.
1846 O	58,000	200.	225.	315.	2500.
1847	915,981	155.	190.	220.	1850.
1847 C	84,151	275.	375.	625.	3600.
1847 D	64,405	200.	650.	1000.	4500.
1847 O	12,000	250.	425.	1100.	—
1848	260,775	155.	190.	220.	2250.
1848 C	64,472	225.	340.	575.	2800.
1848 D	47,465	250.	650.	1000.	5000.
1849	133,070	155.	190.	220.	2250.	—

EDMUND'S U.S. COIN PRICES

HALF EAGLES

DATE	MINTAGE	F-12	VF-20	EF-40	MS-60	Prf-65
1849 C	64,823	225.	340.	575.	2800.	—
1849 D	39,036	250.	650.	1000.	4500.	—
1850	64,491	200.	225.	275.	2250.	—
1850 C	63,591	200.	340.	575.	2800.	—
1850 D	43,984	200.	650.	1000.	4800.	—
1851	377,505	155.	190.	220.	1850.	—
1851 C	49,176	225.	340.	575.	3250.	—
1851 D	62,710	200.	650.	1000.	4500.	—
1851 O	41,000	200.	225.	290.	3000.	—
1852	573,901	155.	190.	220.	1850.	—
1852 C	72,574	225.	340.	625.	3000.	—
1852 D	92,584	225.	600.	1000.	4000.	—
1853	305,770	155.	190.	220.	1850.	—
1853 C	65,571	225.	365.	625.	2800.	—
1853 D	89,678	200.	650.	1000.	4500.	—
1854	160,675	155.	190.	220.	2300.	—
1854 C	39,283	200.	340.	575.	3300.	—
1854 D	56,413	200.	650.	1000.	4500.	—
1854 O	46,000	200.	250.	340.	2500.	—
1854 S	268	U.S. Gold Coll. Oct. '82 AU-55				187,000.
1855	117,098	155.	190.	220.	2250.	—
1855 C	39,788	200.	340.	625.	3000.	—
1855 D	22,432	200.	700.	1150.	5600.	—
1855 O	11,100	250.	425.	675.	3000.	—
1855 S	61,000	200.	250.	395.	2500.	—
1856	197,990	155.	190.	220.	2250.	—
1856 C	28,457	250.	425.	625.	4500.	—
1856 D	19,786	225.	650.	1100.	5600.	—
1856 O	10,000	275.	425.	850.	—	—
1856 S	105,100	165.	265.	350.	2600.	—
1857	98,188	155.	190.	220.	2250.	65,000.
1857 C	31,360	275.	425.	625.	3500.	—
1857 D	17,046	225.	650.	1100.	5000.	—
1857 O	13,000	200.	315.	850.	—	—
1857 S	87,000	190.	250.	375.	2600.	—
1858	15,136	200.	225.	365.	2600.	65,000.
1858 C	38,856	200.	365.	625.	3500.	—
1858 D	15,362	275.	650.	1000.	6000.	—
1858 S	18,600	250.	400.	750.	3600.	—
1859	16,814	200.	275.	450.	2600.	65,000.
1859 C	31,847	200.	340.	625.	3600.	—
1859 D	10,366	250.	700.	1200.	6000.	—
1859 S	13,220	250.	365.	575.	3000.	—
1860	19,825	200.	225.	290.	2400.	65,000.
1860 C	14,813	225.	425.	675.	4000.	—
1860 D	14,635	225.	700.	1200.	6000.	—
1860 S	21,200	200.	250.	365.	1850.	—
1861	688,150	155.	190.	220.	2000.	65,000.
1861 C	6,879	525.	850.	1550.	3150.	—
1861 D	1,597	2600.	5250.	7500.	15,000.	—
1861 S	18,000	200.	365.	625.	—	—

EDMUND'S U.S. COIN PRICES

HALF EAGLES

DATE	MINTAGE	F-12	VF-20	EF-40	MS-60	Prf-65
1862	4,465	250.	475.	675.	1850.	65,000.
1862 S	9,500	200.	290.	525.	—	—
1863	2,472	625.	950.	1550.	3150.	65,000.
1863 S	17,000	200.	365.	625.	—	—
1864	4,220	425.	625.	1000.	3700.	65,000.
1864 S	3,888	1050.	1550.	2100.	5250.	—
1865	1,295	625.	950.	1550.	3150.	65,000.
1865 S	27,612	280.	675.	1200.	—	—
1866 S	9,000	280.	750.	1300.	—	—

VARIETY TWO - MOTTO ABOVE EAGLE 1866-1908

DIAMETER—21.6mm
WEIGHT—3.359 Grams
COMPOSITION—.900 Gold, .100 Copper
DESIGNER—Christian Gobrecht
EDGE—Reeded
PURE GOLD CONTENT—.24187 Tr. Oz.

DATE	MINTAGE	F-12	VF-20	EF-40	MS-60	Prf-65
1866	6,730	400.	750.	1750.	—	36,000.
1866 S	34,920	700.	1200.	3000.	1500.	—
1867	6,920	250.	475.	800.	1500.	36,000.
1867 S	29,000	200.	725.	1100.	—	—
1868	5,725	250.	475.	1200.	—	36,000.
1868 S	52,000	200.	400.	750.	—	—
1869	1,785	500.	725.	1250.	—	36,000.
1869 S	31,000	200.	550.	850.	—	—
1870	4,035	250.	600.	850.	—	36,000.
1870 CC	7,675	1600.	2600.	4000.	—	—
1870 S	17,000	200.	700.	1000.	—	—
1871	3,230	250.	700.	1000.	—	36,000.
1871 CC	20,770	425.	750.	1200.	—	—
1871 S	25,000	200.	375.	800.	—	—
1872	1,690	525.	700.	1200.	2600.	36,000.
1872 CC	16,980	525.	825.	1350.	—	—
1872 S	36,400	200.	375.	725.	—	—
1873 Closed 3	49,305	200.	225.	245.	500.	36,000.
1873 Open 3	63,200	200.	225.	245.	500.	—
1873 CC	7,416	550.	1000.	1450.	2600.	—
1873 S	31,000	200.	225.	315.	675.	—
1874	3,508	250.	425.	625.	1100.	36,000.
1874 CC	21,198	250.	475.	950.	3700.	—
1874 S	16,000	200.	250.	340.	—	—
1875	220			VERY RARE		
1875 CC	11,828	450.	825.	1300.	—	—
1875 S	9,000	250.	365.	800.	2100.	—
1876	1,477	425.	675.	1150.	2350.	36,000.
1876 CC	6,887	425.	900.	1250.	2350.	—
1876 S	4,000	1300.	2100.	2650.	—	—
1877	1,152	525.	850.	1300.	2600.	36,000.
1877 CC	8,680	425.	850.	1550.	2850.	—
1877 S	26,700	250.	300.	400.	—	—
1878	131,740	120.	135.	150.	190.	36,000.

EDMUND'S U.S. COIN PRICES

HALF EAGLES

DATE	MINTAGE	F-12	VF-20	EF-40	MS-60	Prf-65
1878 CC	9,054	800.	1850.	2850.	—	—
1878 S	144,700	120.	135.	150.	190.	—
1879	301,950	120.	135.	150.	190.	22,000.
1879 CC	17,281	225.	315.	575.	1000.	—
1879 S	426,200	120.	135.	150.	190.	—
1880	3,166,436	120.	135.	150.	190.	22,000.
1880 CC	51,017	200.	250.	575.	1000.	—
1880 S	1,348,900	120.	135.	150.	190.	—
1881	5,708,802	120.	135.	150.	190.	22,000.
1881/80	Inc. Above	2 KNOWN—EXCEEDINGLY RARE				
1881 CC	13,886	225.	365.	575.	1000.	—
1881 S	969,000	120.	135.	150.	190.	—
1882	2,514,568	120.	135.	150.	190.	22,000.
1882 CC	82,817	200.	225.	425.	1000.	—
1882 S	969,000	120.	135.	150.	190.	—
1883	233,461	120.	135.	150.	190.	22,000.
1883 CC	12,958	200.	225.	425.	1000.	—
1883 S	83,200	120.	135.	150.	190.	—
1884	191,078	120.	135.	150.	190.	22,000.
1884 CC	16,402	325.	475.	675.	—	—
1884 S	177,000	120.	135.	150.	190.	—
1885	601,506	120.	135.	150.	190.	22,000.
1885 S	1,211,500	120.	135.	150.	190.	—
1886	388,432	120.	135.	150.	190.	22,000.
1886 S	3,268,000	120.	135.	150.	190.	—
1887	87	PROOF ONLY				100,000.
1887 S	1,912,000	120.	135.	150.	190.	—
1888	18,296	120.	135.	150.	190.	22,000.
1888 S	293,900	120.	135.	150.	190.	—
1889	7,565	250.	315.	425.	850.	22,000.
1890	4,328	200.	250.	425.	850.	22,000.
1890 CC	53,800	200.	225.	550.	950.	—
1891	61,413	120.	135.	150.	190.	22,000.
1891 CC	208,000	225.	250.	525.	950.	—
1892	753,572	120.	135.	150.	190.	22,000.
1892 CC	82,968	225.	250.	625.	950.	—
1892 O	10,000	550.	800.	1100.	2350.	—
1892 S	298,400	120.	135.	150.	190.	—
1893	1,528,197	120.	135.	150.	190.	22,000.
1893 CC	60,000	225.	250.	600.	950.	—
1893 O	110,000	200.	225.	315.	725.	—
1893 S	224,000	120.	135.	150.	190.	—
1894	957,955	120.	135.	150.	190.	22,000.
1894 O	16,600	200.	225.	315.	800.	—
1894 S	55,900	120.	135.	150.	190.	—
1895	1,345,936	120.	135.	150.	190.	22,000.
1895 S	112,000	120.	135.	150.	190.	—
DATE	MINTAGE	F-12	VF-20	EF-40	MS-60	Prf-65
1896	59,063	120.	135.	150.	190.	22,000.
1896 S	155,400	120.	135.	150.	190.	—
1897	867,883	120.	135.	150.	190.	22,000.

EDMUND'S U.S. COIN PRICES

HALF EAGLES

DATE	MINTAGE	F-12	VF-20	EF-40	MS-60	Prf-65
1897 S	354,000	120.	135.	150.	190.	—
1898	633,495	120.	135.	150.	190.	22,000.
1898 S	1,397,400	120.	135.	150.	190.	—
1899	1,710,729	120.	135.	150.	190.	22,000.
1899 S	1,545,000	120.	135.	150.	190.	—
1900	1,405,730	120.	135.	150.	190.	22,000.
1900 S	329,000	120.	135.	150.	190.	—
1901	616,040	120.	135.	150.	190.	22,000.
1901 S 1/0	3,648,000	120.	135.	150.	190.	—
1901 S	Inc. Above	120.	135.	150.	190.	—
1902	172,562	120.	135.	150.	190.	22,000.
1902 S	939,000	120.	135.	150.	190.	—
1903	227,024	120.	135.	150.	190.	22,000.
1903 S	1,855,000	120.	135.	150.	190.	—
1904	392,136	120.	135.	150.	190.	22,000.
1904 S	97,000	120.	135.	150.	190.	—
1905	302,308	120.	135.	150.	190.	22,000.
1905 S	880,700	120.	135.	150.	190.	—
1906	348,820	120.	135.	150.	190.	22,000.
1906 D	320,000	120.	135.	150.	190.	—
1906 S	598,000	120.	135.	150.	190.	—
1907	626,192	120.	135.	150.	190.	22,000.
1907 D	888,000	120.	135.	150.	190.	—
1908	421,874	120.	135.	150.	190.	—

INDIAN HEAD TYPE
1908-1929

DIAMETER—21.6mm
WEIGHT—8.359 Grams
COMPOSITION—.900 Gold, .100 Copper
DESIGNER—Bela Lyon Pratt
EDGE—Reeded
PURE GOLD CONTENT—.24187 Tr. Oz.

DATE	MINTAGE	F-12	VF-20	EF-40	MS-60	Prf-65
1908	578,012	190.	220.	230.	375.	24,000.
1908 D	148,000	190.	220.	230.	360.	—
1908 S	82,000	250.	275.	425.	2500.	—
1909	627,138	190.	220.	230.	425.	28,000.
1909 D	3,423,560	190.	220.	230.	360.	—
1909 O	34,200	400.	625.	950.	7000.	—
1909 S	297,200	225.	250.	300.	1300.	—
1910	604,250	225.	250.	275.	725.	26,000.
1910 D	193,600	225.	250.	275.	750.	—
1910 S	770,200	225.	250.	375.	2000.	—
1911	915,139	190.	220.	230.	360.	27,000.
1911 D	72,500	250.	365.	525.	4400.	—
1911 S	1,416,000	225.	250.	275.	1000.	—
1912	790,144	190.	220.	230.	360.	26,000.
1912 S	392,000	225.	250.	275.	1850.	—
1913	916,099	190.	220.	230.	360.	27,000.

EAGLES

DATE	MINTAGE	F-12	VF-20	EF-40	MS-60	Prf-65
1913 S	408,000	225.	350.	450.	3000.	—
1914	247,125	190.	220.	230.	400.	27,000.
1914 D	247,000	190.	220.	230.	450.	—
1914 S	263,000	190.	220.	230.	1050.	—
1915	588,075	190.	220.	230.	400.	34,000.
1915 S	164,000	250.	300.	350.	2750.	—
1916 S	240,000	190.	220.	230.	900.	—
1929	662,000	1600.	2100.	3400.	7000.	—

EAGLES 1795-1933
($10.00 GOLD PIECES)

LIBERTY CAP TYPE SMALL EAGLE REVERSE
1795-1797

DIAMETER—33mm
WEIGHT—17.50 Grams
COMPOSITION—.9167 Gold, .0833 Copper
DESIGNER—Robert Scot
EDGE—Reeded

DATE	MINTAGE	F-12	VF-20	EF-40	MS-60
1795	5,583	6500.	9000.	12,000.	35,000.
1796	4,146	6500.	9000.	12,000.	35,000.
1797 (Sm. Eagle)	3,615	6500.	9000.	12,000.	35,000.

LIBERTY CAP TYPE HERALDIC EAGLE REVERSE
1797-1804

DIAMETER—33mm
WEIGHT—17.50 Grams
COMPOSITION—.9167 Gold, .0833 Copper
DESIGNER—Robert Scot
EDGE—Reeded

DATE	MINTAGE	F-12	VF-20	EF-40	MS-60
1797 (Lg. Eagle)	10,940	2500.	3750.	5500.	17,000.
1798/97 9 Stars Left, 4 Right	900	Oct.'80	Garrett Sale	MS-65	52,500.
1798/97 7 Stars Left, 6 Right	842	Oct.'80	Garrett Sale	AU-55	120,000.
1799	37,449	2500.	3250.	4500.	15,000.
1800	5,999	2500.	3500.	4750.	15,000.
1801	44,344	2500.	3250.	4500.	15,000.
1803	15,017	2500.	3500.	4500.	15,000.
1804	3,757	2800.	4200.	7500.	35,000.

EDMUND'S U.S. COIN PRICES

EAGLES

CORONET OR LIBERTY HEAD TYPE
1838-1907

VARIETY ONE - NO MOTTO ABOVE EAGLE 1838-1866

DIAMETER—27mm
WEIGHT—16.718 Grams
COMPOSITION—.900 Gold, .100 Copper
DESIGNER—Christian Gobrecht
EDGE—Reeded
PURE GOLD CONTENT—.48375 Tr. Oz.

DATE	MINTAGE	F-12	VF-20	EF-40	MS-60	Prf-65
1838	7,200	625.	1350.	2800.	22,000.	—
1839 Lg. Letters	38,248	425.	750.	2400.	15,000.	—
		U.S. Gold Coll. Oct '82 Prf-65				121,000.
1839 Sm. Letters	Inc. Above	525.	1100.	1600.	—	—
1840	47,338	365.	400.	475.	12,000.	—
1841	63,131	365.	400.	475.	13,000.	—
1841 O	2,500	425.	675.	1300.	—	—
1842 Sm. Date	81,507	365.	400.	475.	—	—
1842 Lg. Date	Inc. Above	365.	400.	475.	8750.	—
1842 O	27,400	365.	400.	475.	10,000.	—
1843	75,462	365.	400.	475.	7700.	—
1843 O	175,162	365.	400.	475.	6700.	—
1844	6,361	365.	525.	1000.	—	—
1844 O	118,700	365.	400.	475.	10,000.	—
1845	26,153	365.	400.	475.	—	—
1845 O	47,500	365.	400.	475.	11,500.	—
1846	20,095	365.	400.	475.	—	—
1846 O	81,780	365.	400.	475.	—	—
1847	862,258	260.	300.	350.	3800.	—
1847 O	571,500	365.	400.	475.	—	—
1848	145,484	260.	300.	350.	5600.	—
1848 O	38,850	365.	400.	475.	—	—
1849	653,618	260.	300.	350.	4400.	—
1849 O	23,900	365.	400.	475.	—	—
1850	291,451	260.	300.	350.	4000.	—
1850 O	57,500	365.	400.	475.	4300.	—
1851	176,328	260.	300.	350.	8200.	—
1851 O	263,000	260.	300.	350.	—	—
1852	263,106	365.	400.	475.	—	—
1852 O	18,000	365.	400.	475.	—	—
1853	201,253	260.	300.	350.	5200.	—
1853 O	51,000	365.	400.	475.	—	—
1854	54,250	365.	400.	475.	—	—
1854 O	52,500	365.	400.	475.	—	—
1854 S	123,826	260.	300.	350.	10,000.	—
1855	121,701	260.	300.	350.	4800.	—
1855 O	18,000	365.	400.	475.	—	—
1855 S	9,000	425.	800.	1200.	—	—
1856	60,490	365.	400.	475.	4300.	—
1856 O	14,500	365.	400.	475.	—	—
1856 S	68,000	365.	400.	475.	9200.	—

EDMUND'S U.S. COIN PRICES

EAGLES

DATE	MINTAGE	F-12	VF-20	EF-40	MS-60	Prf-65
1857	16,606	365.	400.	475.	—	—
1857 O	5,500	575.	1100.	1850.	—	—
1857 S	26,000	365.	400.	475.	—	—
1858	2,521	3200.	4750.	6250.	—	90,000.
1858 O	20,000	365.	400.	475.	10,500.	—
1858 S	11,800	365.	400.	475.	4500.	—
1859	16,093	365.	400.	475.	4200.	90,000.
1859 O	2,300	1350.	2450.	3650.	—	—
1859 S	7,000	525.	850.	1250.	4200.	—
1860	15,105	365.	400.	475.	11,500.	90,000.
1860 O	11,100	365.	400.	750.	13,000.	—
1860 S	5,000	575.	950.	1350.	6250.	—
1861	113,233	260.	300.	350.	3800.	90,000.
1861 S	15,500	365.	400.	525.	—	—
1862	10,995	365.	400.	475.	—	90,000.
1862 S	12,500	365.	425.	875.	—	—
1863	1,248	2100.	3650.	5250.	—	90,000.
1863 S	10,000	365.	475.	1000.	—	—
1864	3,580	625.	1100.	1600.	—	90,000.
1864 S	2,500	1350.	1750.	2100.	—	—
1865	4,005	575.	950.	1350.	—	90,000.
1865 S	16,700	425.	875.	1300.	—	—
1865 Over Inverted 186	Inc. Above	450.	950.	1600.	—	—
1866 S	8,500	1000.	1600.	2100.	—	—

VARIETY TWO - MOTTO ABOVE EAGLE 1866-1907

DIAMETER—27mm
WEIGHT—16.718 Grams
COMPOSITION—.900 Gold, .100 Copper
DESIGNER—Christian Gobrecht
EDGE—Reeded
PURE GOLD CONTENT—.48375 Tr. Oz.

DATE	MINTAGE	F-12	VF-20	EF-40	MS-60	Prf-65
1866	3,780	365.	625.	1000.	—	65,000.
1866 S	11,500	365.	625.	1000.	—	—
1867	3,140	365.	750.	1100.	—	65,000.
1867 S	9,000	400.	1350.	2100.	—	—
1868	10,655	365.	575.	675.	13,000.	65,000.
1868 S	13,500	365.	625.	950.	—	—
1869	1,855	1000.	1900.	3000.	—	65,000.
1869 S	6,430	400.	675.	1000.	—	—
1870	4,025	400.	600.	875.	—	65,000.
1870 CC	5,908	1100.	2400.	4000.	—	—
1870 S	8,000	400.	675.	1200.	—	—
1871	1,820	1000.	1500.	2200.	3600.	65,000.
1871 CC	8,085	475.	675.	1400.	—	—
1871 S	16,500	365.	625.	950.	—	—
1872	1,650	900.	1600.	2400.	—	65,000.
1872 CC	4,600	475.	950.	1800.	—	—

EDMUND'S U.S. COIN PRICES

EAGLES

DATE	MINTAGE	F-12	VF-20	EF-40	MS-60	Prf-65
1872 S	17,300	365.	625.	950.	—	—
1873	825	2500.	3500.	5500.	—	80,000.
1873 CC	4,543	1000.	1500.	1850.	—	—
1873 C	12,000	350.	400.	575.	2100.	—
1874	53,160	350.	400.	420.	—	65,000.
1874 CC	16,767	365.	425.	950.	—	—
1874 S	10,000	365.	425.	675.	—	—
1875	120	U.S. Gold Coll. Oct.'82 Prf-65				104,500.
1875 CC	7,715	525.	800.	1400.	—	—
1876	732	1600.	2350.	4200.	—	55,000.
1876 CC	4,696	1100.	1300.	1850.	—	—
1876 S	5,000	450.	725.	1100.	—	—
1877	817	1600.	2600.	4750.	—	45,000.
1877 CC	3,332	1300.	1800.	2350.	—	—
1877 S	17,000	350.	375.	425.	—	—
1878	73,800	280.	290.	320.	1400.	45,000.
1878 CC	3,244	1250.	1800.	2350.	—	—
1878 S	26,100	350.	375.	400.	—	—
1879	384,770	240.	250.	265.	900.	45,000.
1879 CC	1,762	3650.	5500.	7800.	—	—
1879 O	1,500	1300.	2600.	3650.	—	—
1879 S	224,000	290.	300.	325.	1800.	—
1880	1,644,876	210.	225.	245.	450.	45,000.
1880 CC	11,190	350.	375.	725.	3600.	—
1880 O	9,200	350.	425.	625.	3300.	—
1880 S	506,250	210.	225.	245.	650.	—
1881	3,877,260	210.	225.	245.	300.	45,000.
1881 CC	24,015	350.	375.	475.	4000.	—
1881 O	8,350	350.	375.	525.	3600.	—
1881 S	970,000	210.	225.	245.	475.	—
1882	2,324,480	210.	225.	245.	300.	45,000.
1882 CC	6,764	350.	375.	575.	4900.	—
1882 O	10,820	350.	375.	400.	3300.	—
1882 S	132,000	210.	225.	245.	1150.	—
1883	208,740	210.	225.	245.	475.	45,000.
1883 CC	12,000	350.	375.	725.	4500.	—
1883 O	800	2600.	3650.	5250.	19,000.	—
1883 S	38,000	210.	225.	245.	1400.	—
1884	76,905	210.	225.	245.	1900.	55,500.
1884 CC	9,925	350.	375.	575.	6700.	—
1884 S	124,250	210.	225.	245.	1200.	—
1885	253,527	210.	225.	245.	800.	45,000.
1885 S	228,000	210.	225.	245.	625.	—
1886	236,160	210.	225.	245.	1150.	45,000.
1886 S	826,000	210.	225.	245.	375.	—
1887	53,680	250.	280.	300.	1450.	45,000.
1887 S	817,000	210.	225.	245.	500.	—
1888	132,996	210.	225.	245.	1550.	45,000.
1888 O	21,335	350.	375.	400.	775.	—
1888 S	648,700	210.	225.	245.	525.	—
1889	4,485	350.	425.	675.	1950.	45,000.

EAGLES

DATE	MINTAGE	F-12	VF-20	EF-40	MS-60	Prf-65
1889 S	425,400	210.	225.	245.	400.	—
1890	58,043	250.	280.	300.	1850.	45,000.
1890 CC	17,500	350.	375.	475.	1500.	—
1891	91,868	250.	280.	300.	375.	45,000.
1891 CC	103,732	350.	375.	475.	900.	—
1892	797,552	210.	225.	245.	375.	45,000.
1892 CC	40,000	350.	375.	625.	1850.	—
1892 O	28,688	350.	375.	400.	750.	—
1892 S	115,500	210.	225.	245.	750.	—
1893	1,840,895	210.	225.	240.	350.	45,000.
1893 CC	14,000	350.	375.	475.	2500.	—
1893 O	17,000	350.	375.	400.	900.	—
1893 S	141,350	250.	280.	300.	775.	—
1894	2,470,778	210.	225.	240.	340.	45,000.
1894 O	107,500	250.	280.	300.	1350.	—
1894 S	25,000	325.	475.	650.	3800.	—
1895	567,826	210.	225.	240.	300.	45,000.
1895 O	98,000	290.	300.	325.	675.	—
1895 S	49,000	350.	525.	750.	3600.	—
1896	76,348	290.	300.	325.	375.	45,000.
1896 S	123,750	210.	225.	240.	3800.	—
1897	1,000,159	210.	225.	240.	275.	45,000.
1897 O	42,500	290.	300.	325.	875.	—
1897 S	234,750	210.	225.	240.	1700.	—
1898	812,197	210.	225.	240.	275.	45,000.
1898 S	473,600	210.	225.	240.	550.	—
1899	1,262,305	210.	225.	240.	275.	45,000.
1899 O	37,047	290.	300.	325.	1000.	—
1899 S	841,000	210.	225.	240.	500.	—
1900	293,960	210.	225.	240.	275.	45,000.
1900 S	81,000	290.	300.	325.	1350.	—
1901	1,718,825	210.	225.	240.	275.	45,000.
1901 O	72,041	290.	300.	325.	700.	—
1901 S	2,812,750	210.	225.	240.	275.	—
1902	82,513	250.	275.	300.	350.	45,000.
1902 S	469,500	210.	225.	240.	275.	—
1903	125,926	210.	225.	240.	275.	45,000.
1903 O	112,771	210.	225.	240.	580.	—
1903 S	538,000	210.	225.	240.	395.	—
1904	162,038	210.	225.	240.	275.	45,000.
1904 O	108,950	210.	225.	240.	600.	—
1905	201,078	210.	225.	240.	275.	45,000.
1905 S	369,250	210.	225.	240.	2500.	—
1906	165,497	210.	225.	240.	275.	45,000.
1906 D	981,000	210.	225.	240.	325.	—
1906 O	86,895	290.	300.	325.	675.	—
1906 S	457,000	210.	225.	240.	700.	—
1907	1,203,973	210.	225.	240.	275.	45,000.
1907 D	1,030,000	210.	225.	240.	275.	—
1907 S	210,500	210.	225.	240.	1000.	—

EDMUND'S U.S. COIN PRICES

EAGLES

INDIAN HEAD TYPE
1907-1933

VARIETY ONE -
NO MOTTO ON REVERSE 1907-1908

DIAMETER—27mm
WEIGHT—16.718 Grams
COMPOSITION—.900 Gold, .100 Copper
DESIGNER—Augustus Saint-Gaudens
EDGE—46 Raised Stars
PURE GOLD CONTENT—48375 Tr. Oz.

DATE	MINTAGE	F-12	VF-20	EF-40	MS-60
1907 Rolled Edge, Periods Before and After E PLURIBUS UNUM	42				50,000.
1907 Same, Plain Edge	Unique			UNIQUE	
1907 Wire Edge, Periods	500	—	—	3200.	10,000.
1907 No Periods	239,406	450.	525.	575.	1050.
1908 No Motto	33,500	450.	525.	625.	1200.
1908 D No Motto	210,000	450.	525.	575.	1000.

VARIETY TWO -
MOTTO ON REVERSE 1908-1933

DIAMETER—27mm
WEIGHT—16.718 Grams
COMPOSITION—.900 Gold, .100 Copper
DESIGNER—Augustus Saint-Gaudens
EDGE—1908-1911-46 Raised Stars
  1912-1933-48 Raised Stars
PURE GOLD CONTENT—48375 Tr. Oz.

DATE	MINTAGE	F-12	VF-20	EF-40	MS-60	Prf-65
1908	341,486	360.	400.	425.	470.	40,000.
1908 D	836,500	430.	475.	560.	725.	—
1908 S	59,850	500.	560.	725.	3400.	—
1909	184,863	360.	400.	425.	500.	40,000.
1909 D	121,540	360.	400.	425.	950.	—
1909 S	292,350	430.	475.	560.	875.	—
1910	318,704	360.	400.	425.	470.	40,000.
1910 D	2,356,640	360.	400.	425.	470.	—
1910 S	811,000	430.	475.	560.	1100.	—
1911	505,595	360.	400.	425.	470.	40,000.
1911 D	30,100	575.	750.	1000.	5000.	—
1911 S	51,000	430.	475.	650.	2300.	—
1912	405,083	360.	400.	425.	470.	40,000.
1912 S	300,000	430.	475.	560.	1400.	—
1913	442,071	360.	400.	425.	470.	40,000.
1913 S	66,000	475.	625.	950.	6500.	—
1914	151,050	360.	420.	440.	480.	40,000.
1914 D	343,500	360.	400.	425.	625.	—
1914 S	208,000	425.	475.	525.	775.	—
1915	351,075	360.	400.	425.	470.	40,000.
1915 S	59,000	475.	525.	600.	2800.	—
1916 S	138,500	430.	475.	500.	1050.	—

EDMUND'S U.S. COIN PRICES

DOUBLE EAGLES

1920 S	126,500	6000.	7000.	8,500.15,000.	—
1926	1,014,000	360.	400.	425. 470.	—
1930 S	96,000	2500.	3650.	5250.12,000.	—
1932	4,463,000	360.	400.	425. 470.	—
1933	312,500	Oct. 1980 Stack's Sale MS-63 97,500.			

DOUBLE EAGLES
1849-1933
($20.00 GOLD PIECES)

CORONET OR LIBERTY HEAD TYPE
1849-1907

VARIETY ONE - NO MOTTO, TWENTY D. 1849-1866

DIAMETER—34mm
WEIGHT—33.436 Grams
COMPOSITION—.900 Gold, .100 Copper
DESIGNER—James B. Longacre
EDGE—Reeded
PURE GOLD CONTENT—.96750 Tr. Oz.

DATE	MINTAGE	VF-20	EF-40	AU-50	MS-60	Prf-65
1849	1	UNIQUE U.S. MINT COLLECTION				—
1850	1,170,261	525.	650.	1000.	4200.	—
1850 O	141,000	625.	950.	2700.	7600.	—
1851	2,087,155	425.	450.	500.	575.	—
1851 O	315,000	625.	800.	1750.	7600.	—
1852	2,053,026	400.	425.	700.	2500.	—
1852 O	190,000	625.	800.	1950.	7200.	—
1853	1,261,326	425.	625.	825.	5600.	—
1853 O	71,000	650.	1000.	3400.	7600.	—
1854	757,899	425.	650.	1000.	5600.	—
1854 O	3,250	Auction '79 Sale XF 45,000.				—
1854 S	141,468	575.	850.	1100.	4850.	—
1855	364,666	425.	550.	1000.	6200.	—
1855 O	8,000	3200.	6500.	12,500.	—	—
1855 S	879,675	425.	600.	1250.	6000.	—
1856	329,878	450.	550.	1000.	6000.	—
1856 O	2,250	Stack's Sale 1979 XF 70,000.				—
1856 S	1,189,750	450.	550.	875.	5900.	—
1857	439,375	450.	550.	850.	4600.	—
1857 O	30,000	800.	1750.	4000.	—	—
1857 S	970,500	450.	550.	875.	6000.	—
1858	211,714	450.	550.	975.	5400.	—
1858 D	35,250	875.	1500.	6000.	8000.	—
1858 S	846,710	450.	550.	950.	6100.	—
1859	43,597	950.	1600.	7500.	17,500.	95,000.
1859 O	9,100	2700.	4600.	10,000.	—	—
1859 S	636,445	450.	625.	1000.	6300.	—

EDMUND'S U.S. COIN PRICES

DOUBLE EAGLES

Date	Mintage	VF	EF	AU	MS	Prf
1860	577,670	450.	750.	3250.	5500.	95,000.
1860 O	6,600	4200.	7500.	15,000.	—	—
1860 S	544,950	450.	625.	1500.	7400.	—
1861	2,976,453	425.	450.	650.	2900.	95,000.
1861 A.C. Paquet Reverse	Inc. Above	Bower's & Merena Sale 1988 MS-67 660,000.				
1861 O	17,741	1800.	3800.	7200.	—	—
1861 S	768,000	550.	625.	1850.	7600.	—
1861 S A.C. Paquet Reverse	Inc. Above	Auction '79 Sale AU 20,000.				
1862	92,133	575.	1400.	3800.	10,000.	95,000.
1862 S	854,173	550.	800.	1750.	8100.	—
1863	142,790	525.	925.	2000.	9000.	95,000.
1863 S	966,570	450.	550.	1450.	6300.	—
1864	204,285	525.	725.	4600.	8600.	95,000.
1864 S	793,660	525.	850.	2900.	5300.	—
1865	351,200	500.	950.	1450.	5000.	95,000.
1865 S	1,042,500	450.	550.	1450.	8000.	—
1866 S	842,250	1400.	3200.	6700.	—	—

VARIETY TWO - MOTTO ABOVE EAGLE, TWENTY D. 1866-1876

DIAMETER—34mm
WEIGHT—33.436 Grams
COMPOSITION—.900 Gold, .100 Copper
DESIGNER—James B. Longacre
EDGE—Reeded
PURE GOLD CONTENT—.96750 Tr. Oz

DATE	MINTAGE	VF-20	EF-40	AU-50	MS-60	Prf-65
1866	698,775	425.	550.	1250.	6000.	95,000.
1866 S	Inc. Above	525.	850.	2500.	—	—
1867	251,065	425.	500.	775.	1550.	95,000.
1867 S	920,750	425.	725.	1500.	—	—
1868	98,600	550.	875.	2400.	7500.	95,000.
1868 S	837,500	425.	700.	1800.	6000.	—
1869	175,155	425.	725.	2100.	6000.	95,000.
1869 S	686,750	425.	575.	1050.	4600.	—
1870	155,185	475.	1000.	2750.	—	95,000.
1870 CC	3,789	Stack's Sale 1979 AU 28,500.				—
1870 S	982,000	425.	575.	800.	4350.	—
1871	80,150	650.	1300.	3200.	6600.	95,000.
1871 CC	17,387	1950.	4500.	9500.	—	—
1871 S	928,000	425.	525.	1000.	4000.	—
1872	251,880	425.	480.	625.	1325.	95,000.
1872 CC	26,900	775.	1500.	5000.	9500.	—
1872 S	780,000	425.	500.	900.	3000.	—
1873 Closed 3	1,709,825	750.	800.	2000.	6000.	95,000.
1873 Open 3	Inc. Above	420.	480.	600.	900.	—
1873 CC	22,410	800.	1750.	4000.	—	—
1873 S	1,040,600	425.	475.	1250.	2000.	—

DOUBLE EAGLES

DATE	MINTAGE	VF-20	EF-40	AU-50	MS-60	Prf-65
1874	366,800	425.	525.	850.	1950.	95,000.
1874 CC	115,085	675.	675.	1750.	7500.	—
1874 S	1,214,000	420.	480.	675.	1650.	—
1875	295,740	420.	480.	575.	1000.	95,000.
1875 CC	111,151	725.	625.	1250.	2000.	—
1875 S	1,230,000	420.	480.	575.	1150.	—
1876	583,905	420.	480.	575.	925.	95,000.
1876 CC	138,441	700.	850.	1650.	5500.	—
1876 S	1,597,000	420.	480.	575.	1150.	—

VARIETY THREE - TWENTY DOLLARS SPELLED OUT 1877-1907

DIAMETER—34mm
WEIGHT—33.436 Grams
COMPOSITION—.900 Gold, .100 Copper
DESIGNER—James B. Longacre
EDGE—Reeded
PURE GOLD CONTENT—.96750 Tr. Oz.

DATE	MINTAGE	VF-20	EF-40	AU-50	MS-60	Prf-65
1877	397,670	420.	525.	575.	900.	95,000.
1877 CC	42,565	650.	875.	1350.	5800.	—
1877 S	1,735,000	420.	460.	525.	1000.	—
1878	543,645	420.	525.	575.	800.	95,000.
1878 CC	13,180	800.	1250.	3750.	—	—
1878 S	1,739,000	420.	450.	500.	1500.	—
1879	207,630	475.	550.	600.	1600.	95,000.
1879 CC	10,708	900.	1600.	4500.	—	—
1879 O	2,325	2400.	3600.	11,000.	25,000.	—
1879 S	1,223,800	420.	525.	575.	1600.	—
1880	51,456	590.	610.	1200.	3500.	95,000.
1880 S	836,000	420.	450.	725.	2250.	—
1881	2,260	2600.	6000.	7800.	15,000.	95,000.
1881 S	727,000	420.	450.	675.	1750.	—
1882	630	8500.	15,000.	25,000.	37,000.	95,000.
1882 CC	39,140	750.	850.	1100.	3800.	—
1882 S	1,125,000	420.	500.	550.	1000.	—
1883	92	U.S. Gold Coll. Oct. '82 Prf-67				88,000.
1883 CC	59,962	750.	775.	925.	3000.	—
1883 S	1,189,000	410.	430.	450.	750.	—
1884	71	U.S. Gold Coll. Oct. '82 Prf-65				82,500.
1884 CC	81,139	750.	775.	1100.	3000.	—
1884 S	916,000	410.	430.	450.	600.	—
1885	828	6000.	10,000.	14,000.	28,000.	95,000.
1885 CC	9,450	1000.	1600.	3500.	9000.	—
1885 S	683,500	410.	430.	450.	600.	—

EDMUND'S U.S. COIN PRICES

DOUBLE EAGLES

DATE	MINTAGE	VF-20	EF-40	AU-50	MS-60	Prf-65
1886	1,106	5250.	10,500.	14,500.	24,000.	95,000.
1887	121	U.S. Gold Coll. Oct. '82 Prf-65				46,750.
1887 S	283,000	435.	500.	550.	750.	—
1888	226,266	435.	475.	575.	1000.	95,000.
1888 S	859,600	410.	430.	450.	600.	—
1889	44,111	700.	750.	825.	1000.	95,000.
1889 CC	30,945	850.	950.	1200.	3100.	—
1889 S	774,700	410.	430.	450.	560.	—
1890	75,995	700.	730.	725.	1000.	95,000.
1890 CC	91,209	850.	925.	1000.	3800.	—
1890 S	802,750	435.	460.	525.	1500.	—
1891	1,442	2500.	3600.	5000.	8250.	95,000.
1891 CC	5,000	1800.	2400.	3000.	5400.	—
1891 S	1,228,125	400.	410.	420.	440.	—
1892	4,523	1250.	1800.	2400.	7000.	95,000.
1892 CC	27,265	850.	1000.	1300.	3800.	—
1892 S	930,150	400.	410.	420.	440.	—
1893	344,339	400.	410.	420.	440.	95,000.
1893 CC	18,402	700.	950.	1200.	2900.	—
1893 S	996,175	400.	410.	420.	440.	—
1894	1,368,990	400.	410.	420.	440.	95,000.
1894 S	1,048,550	400.	410.	420.	440.	—
1895	1,114,656	400.	410.	420.	440.	95,000.
1895 S	1,143,500	400.	410.	420.	440.	—
1896	792,663	400.	410.	420.	440.	95,000.
1896 S	1,403,925	400.	410.	420.	440.	—
1897	1,383,261	400.	410.	420.	440.	95,000.
1897 S	1,470,250	400.	410.	420.	440.	—
1898	170,470	400.	410.	420.	440.	95,000.
1898 S	2,575,175	400.	410.	420.	440.	—
1899	1,669,384	400.	410.	420.	440.	95,000.
1899 S	2,010,300	400.	410.	420.	440.	—
1900	1,874,584	400.	410.	420.	440.	95,000.
1900 S	2,459,500	400.	410.	420.	440.	—
1901	111,526	400.	410.	420.	440.	95,000.
1901 S	1,596,000	400.	410.	420.	440.	—
1902	31,254	575.	600.	625.	1050.	95,000.
1902 S	1,753,625	400.	410.	420.	440.	—
1903	287,428	400.	410.	420.	440.	95,000.
1903 S	954,000	400.	410.	420.	440.	—
1904	6,256,797	400.	410.	420.	440.	95,000.
1904 S	5,134,175	400.	410.	420.	440.	—
1905	59,011	550.	600.	650.	1500.	95,000.
1905 S	1,813,000	400.	410.	420.	440.	—
1906	69,690	625.	675.	825.	1050.	95,000.
1906 D	620,250	400.	410.	420.	440.	—
1906 S	2,065,750	400.	410.	420.	440.	—
1907	1,451,864	400.	410.	420.	440.	95,000.
1907 D	842,250	400.	410.	420.	440.	—
1907 S	2,165,800	400.	410.	420.	440.	—

EDMUND'S U.S. COIN PRICES

DOUBLE EAGLES

SAINT-GAUDENS TYPE
1907-1933

VARIETY ONE - HIGH RELIEF, ROMAN NUMERAL DATE 1907

DIAMETER—34mm
WEIGHT—33.436 Grams
COMPOSITION—.900 Gold, .100 copper
DESIGNER—Augustus Saint-Gaudens
EDGE—E PLURIBUS UNUM
  with stars dividing the words
PURE GOLD CONTENT—.96750 Tr. Oz.

DATE	MINTAGE	VF-20	EF-40	AU-50	MS-60	Prf-65
1907 Extremely High Relief, Plain Edge	Unique		UNIQUE			
1907 Extremely High Relief, Lettered Edge	Unknown	U.S. Gold Coll. Oct. '82 Prf-67 242,000.				
1907 High Relief, Wire Rim	11,250	2500.	5000.	6500.	9500.	—
1907 High Relief, Flat Rim	Inc. Above	2500.	5000.	6500.	9500.	—

VARIETY TWO - ARABIC NUMERALS, NO MOTTO 1907-1908

DIAMETER—34mm
WEIGHT—33.436 Grams
COMPOSITION—.900 Gold, .100 Copper
DESIGNER—Augustus Saint-Gaudens
EDGE—E PLURIBUS UNUM
  With Stars Dividing The Words
PURE GOLD CONTENT-.96750 Tr. Oz.

DATE	MINTAGE	VF-20	EF-40	AU-50	MS-60	Prf-65
1907 Lg. Letters on Edge	Unique		UNIQUE—PROOF ONLY			
1907 Sm. Letters on Edge	361,667	440.	460.	480.	550.	—
1908	4,271,551	440.	460.	480.	500.	—
1908 D	663,750	440.	460.	480.	550.	—

VARIETY THREE - MOTTO ADDED BELOW EAGLE 1908-1933

DIAMETER—34mm
WEIGHT—33.436 Grams
COMPOSITION—.900 Gold, .100 Copper
DESIGNER—Augustus Saint-Gaudens
EDGE—E PLURIBUS UNUM
  With Stars Dividing the Words
PURE GOLD CONTENT-.96750 Tr. Oz.

DOUBLE EAGLES

DATE	MINTAGE	VF-20	EF-40	AU-50	MS-60	Prf-65
1908	156,359	425.	460.	480.	600.	80,000.
1908 D	349,500	425.	460.	480.	525.	—
1908 S	22,000	850.	1000.	1350.	2800.	—
1909/8	161,282	540.	560.	590.	1900.	—
1909	Inc. Above	540.	560.	590.	900.	80,000.
1909 D	52,500	600.	625.	700.	1600.	—
1909 S	2,774,925	415.	425.	460.	525.	—
1910	482,167	415.	425.	460.	525.	80,000.
1910 D	429,000	415.	425.	460.	525.	—
1910 S	2,128,250	415.	425.	460.	525.	—
1911	197,350	415.	425.	460.	525.	—
1911 D	846,500	415.	425.	460.	525.	—
1911 S	775,750	415.	425.	460.	525.	—
1912	149,824	415.	425.	460.	525.	80,000.
1913	168,838	415.	425.	460.	525.	80,000.
1913 D	393,500	415.	425.	460.	525.	—
1913 S	34,000	600.	700.	800.	1200.	—
1914	95,320	540.	560.	590.	750.	80,000.
1914 D	453,000	415.	425.	460.	525.	—
1914 S	1,498,000	415.	425.	460.	600.	—
1915	152,050	415.	425.	460.	525.	80,000.
1915 S	567,500	415.	425.	460.	525.	—
1916 S	796,000	415.	425.	460.	525.	—
1920	228,250	415.	425.	460.	525.	—
1920 S	558,000	5250.	9500.	12,500.	20,000.	—
1921	528,500	8500.	12,500.	16,500.	28,000.	—
1922	1,375,500	415.	425.	460.	525.	—
1922 S	2,658,000	575.	650.	850.	1200.	—
1923	566,000	415.	425.	460.	525.	—
1923 D	1,702,250	540.	560.	590.	675.	—
1924	4,323,500	415.	425.	460.	525.	—
1924 D	3,049,500	700.	950.	1200.	2300.	—
1924 S	2,927,500	700.	950.	1200.	2000.	—
1925	2,831,750	415.	425.	460.	525.	—
1925 D	2,938,500	900.	1200.	1500.	2400.	—
1925 S	3,776,500	900.	1200.	1500.	3000.	—
1926	816,750	415.	425.	460.	525.	—
1926 D	481,000	1000.	1150.	1550.	2850.	—
1926 S	2,041,500	900.	1200.	1400.	1650.	—
1927	2,946,750	415.	425.	460.	525.	—
1927 D	180,000 July 1983 Private Sale MS-65 $290,000.					
1927 S	3,107,000	2600.	4500.	5500.	10,000.	—
1928	8,816,000	415.	425.	460.	525.	—
1929	1,779,750	1850.	3650.	4750.	9000.	—
1930 S	74,000	6250.	11,000.	13,500.	20,000.	—
1931	2,938,250	4500.	7750.	11,500.	15,500.	—
1931 D	106,500	3900.	7500.	10,500.	20,000.	—
1932	1,101,750	5250.	9500.	12,500.	22,500.	—
1933	445,500	None Placed in Circulation				

MINT SETS 1947 TO DATE

This listing applies to United States Government packaged mint sets. These sets consist of two coins of each denomination for each mint from 1947 to 1958 and one coin of each denomination and mint from 1959 to date. Mint sets were not produced in 1950, and from 1965 to 1967, and 1982 to 1983. The "mintage" listed does not actually indicate a separate actual mintage for these coins, and is actually the number of sets packaged by the Treasury Department for the specified year.

DATE	MINTAGE	VALUE	DATE	MINTAGE	VALUE
1947	Est. 5,000	900.	1971	2,193,396	3.25
1948	Est. 6,000	240.	1972	2,750,000	3.25
1949	Est. 5,200	780.	1973	1,767,691	15.00
1951	8,654	400.	1974	1,975,981	5.25
1952	11,499	260.	1975	1,921,488	7.50
1953	15,538	230.	1976	1,892,513	5.50
1954	25,599	140.	1977	2,006,869	7.00
1955	49,656	85.00	1978	2,162,609	8.00
1956	45,475	75.00	1979	2,526,000	6.50
1957	32,324	100.	1980	2,813,118	9.00
1958	50,315	95.00	1981	2,908,145	11.00
1959	187,000	24.00	1984	1,832,857	17.00
1960	260,485	18.00	1985	1,710,571	18.00
1961	223,704	18.00	1986	1,153,536	42.00
1962	385,285	18.00	1987	2,890,758	7.00
1963	606,622	18.00	1988	1,646,204	15.00
1964	978,157	15.00	1989	1,987,915	9.00
1968	2,105,128	4.00	1990		9.00
1969	1,306,723	4.25	1991		9.00
1970	2,150,000	24.00	1992		9.00

NOTE: The Eisenhower Dollars were not included in the 1971 and 1972 Mint Sets. The 1979 S Susan B. Anthony Dollar is not included in the 1979 Mint Set.

SPECIAL MINT SETS 1965-1967

These sets were sold to collectors during the suspension of proof coinage from 1965 to 1967. These coins possess a proof-like surface and are of better quality than regular circulation strikes. However, the 1965 special mint sets are of lower quality than the 1966 and 1967 sets.

DATE	MINTAGE	VALUE
1965	2,360,000	5.00
1966	2,261,583	6.50
1967	1,863,344	8.00

PROOF SETS 1936 TO DATE

The U.S. Mint began striking proof coins in the 1820's and started offering proof sets to collectors in 1858 and continued selling them through 1915. All U.S. proof coins throughout this period, and during the period between 1936 and 1964, were struck at the Philadelphia Mint. Perhaps the most notable exception to this was the striking of 20 proof 1938 O half dollars to commemorate the opening of the New Orleans Branch Mint. There are a few other branch mint proof coins of various types and all are very rare. Starting in 1968, proof coinage was transfer red from Philadelphia to the San Francisco Mint. All U.S. proof coins are presently produced at this facility.

The listing below contains the popular modern era proof coinage from 1936 to date. Proof coinage was suspended by the Mint between 1943-1949 and 1965-1967. Proof sets from 1936 to 1972 contain the cent through half dollar. Starting in 1973, the dollar coin was included.

DATE	MINTAGE	VALUE	DATE	MINTAGE	VALUE
1936	3,837	3300.	1970 S Lg. Date 1¢	2,632,810	14.00
1937	5,542	2000.	1970 S Sm. Date 1¢	Inc. Above	90.00
1938	8,045	1100.	1970 S No Mintmark 10¢	Est. 2,200	650.
1939	8,795	975.	1971 S	3,224,138	8.00
1940	11,246	825.	1971 S No Mintmark 5¢	Est. 1,655	850.
1941	15,287	750.	1972 S	3,267,667	7.50
1942 Both Nickels	21,120	900.	1973 S	2,769,624	13.00
1942 One Nickel	Inc. Above	750.	1974 S	2,617,350	10.00
1950	51,386	550.	1975 S	2,909,369	12.50
1951	57,500	350.	1975 S No Mintmark 10¢	Inc. Above	—
1952	81,980	240.	1976 S	4,149,730	10.00
1953	128,800	150.	1977 S	3,251,152	12.00
1954	233,300	75.00	1978 S	3,127,788	13.00
1955 Box Pack	378,200	70.00	1979 S	3,677,175	20.00
1955 Flat Pack	Inc. Above	85.00	1979 1979 S Type II	Inc. Above	100.
1956	669,384	32.50	1980 S	3,554,806	10.00
1957	1,247,952	22.00	1981 S	4,063,083	13.00
1958	875,652	27.00	1982 S	3,857,479	12.50
1959	1,149,291	22.00	1983 S	3,138,765	12.00
1960 Lg. Date 1¢	1,691,602	17.50	1984 S	2,748,430	22.50
1960 Sm. Date 1¢	Inc. Above	27.00	1985 S	3,362,821	18.00
1961	3,028,244	15.00	1986 S	2,411,180	23.00
1962	3,218,019	15.00	1987 S	3,792,233	11.00
1963	3,075,645	15.00	1988 S	3,031,287	14.00
1964	3,950,752	15.00	1989 S	3,009,107	12.00
1968 S	3,041,509	12.00	1990 S		20.00
1968 S No Mintmark 10¢	Inc. Above	8500.	1991 S		15.00
1969 S	2,934,631	10.00	1992 S		15.00

EDMUND'S U.S. COIN PRICES

U. S. COMMEMORATIVE COINS

QUARTER DOLLAR

DATE
1893 Isabella,
 Columbian Exposition
MINTAGE
24,214

EF-40	AU-50
140.	.195
MS-60	**MS-65**
500.	3000.

SILVER DOLLAR

DATE
1900 Lafayette
MINTAGE
36,026

EF-40	AU-50
280.	.425
MS-60	**MS-65**
675.	11,000.

HALF DOLLAR

1921 Alabama 2X2	6,000	100.	125.	275.	5000.
1921 Alabama	53,038	67.50	80.00	185.	4800.

COMMEMORATIVE HALF DOLLARS 131

DATE
1935 Albany

MINTAGE
17,671

EF-40	AU-50
200.	.225
MS-60	**MS-65**
950.	650.

DATE
1937 Antietam

MINTAGE
18,028

EF-40	AU-50
165.	.200
MS-60	**MS-65**
400.	650.

1935 Arkansas PDS Set	5,505	—	—	265.	1400.
1936 Arkansas PDS Set	9,660	—	—	265.	1400.
1937 Arkansas PDS Set	5,505	—	—	280.	1600.
1938 Arkansas PDS Set	3,155	—	—	350.	3100.
1939 Arkansas PDS Set	2,104	—	—	700.	3500.
Arkansas-Type Coin	—	35.00	45.00	90.00	480.

1936 S.F. - Oakland Bay Bridge	71,424	45.00	65.00	120.	485.

EDMUND'S U.S. COIN PRICES

COMMEMORATIVE HALF DOLLARS

DATE	MINTAGE	EF-40	AU-50	MS-60	MS-65
1934 Daniel Boone	10,007	60.00	85.00	100.	225.
1935 Boone PDS Set	5,005	—	—	300.	700.
1935 Boone PDS Set W/1934 on Rev.	2,003	—	—	500.	2200.
1936 Boone PDS Set	5,005	—	—	300.	700.
1937 Boone PDS Set	2,506	—	—	575.	1500.
1938 Boone PDS Set	2,100	—	—	750.	2400.
Boone, Type Coin	—	60.00	85.00	100.	225.

DATE
1936 Bridgeport
MINTAGE
25,015
EF-40 **AU-50**
80.00 95.00
MS-60 **MS-65**
125.   600.

DATE
1925 S California Jubilee
MINTAGE
86,594
EF-40 **AU-50**
70.00 85.00
MS-60 **MS-65**
165.   1100.

EDMUND'S U.S. COIN PRICES

COMMEMORATIVE HALF DOLLARS 133

DATE	MINTAGE	EF-40	AU-50	MS-60	MS-65
1936 Cincinnati, PDS Set	5,005	—	—	800.	2400.
1936 Cincinnati, Type Coin	—	210.	230.	275.	800.

DATE
1936 Cleveland-Great Lakes

MINTAGE
50,030

EF-40	AU-50
35.00	45.00

MS-60	MS-65
85.00	565.

	MINTAGE	EF-40	AU-50	MS-60	MS-65
1936 Columbia, PDS Set	9,007	—	—	725.	1250.
1936 Columbia, Type Coin	—	95.00	150.	250.	450.
1892 Columbian Exposition	950,000	16.00	24.00	95.00	1500.
1893 Columbian Exposition	1,550,405	15.00	22.00	90.00	1700.

EDMUND'S U.S. COIN PRICES

COMMEMORATIVE HALF DOLLARS

DATE
1935 Connecticut
MINTAGE
25,018

EF-40	AU-50
140.	.200
MS-60	**MS-65**
900.	650.

DATE
1936 Delaware
MINTAGE
20,993

EF-40	AU-50
140.	180.
MS-60	**MS-65**
225.	825.

DATE
1936 Elgin, Illinois
MINTAGE
20,015

EF-40	AU-50
120.	175.
MS-60	**MS-65**
225.	600.

DATE
1936 Gettysburg
MINTAGE
26,928

EF-40	AU-50
150.	.210
MS-60	**MS-65**
240.	925.

EDMUND'S U.S. COIN PRICES

COMMEMORATIVE HALF DOLLARS   135

DATE	MINTAGE	EF-40	AU-50	MS-60	MS-65
1922 Grant, With Star	4,256	300.	350.	800.	12,500.
1922 Grant	67,405	60.00	75.00	100.	1500.

DATE
1928 Hawaiian

MINTAGE
10,008

EF-40	AU-50
575.	600

MS-60	MS-65
1150.	8000.

DATE
1935 Hudson

MINTAGE
10,008

EF-40	AU-50
350.	375

MS-60	MS-65
475.	2650.

DATE
1924 Huguenot-Walloon

MINTAGE
142,080

EF-40	AU-50
47.50	65.00

MS-60	MS-65
90.00	1025.

EDMUND'S U.S. COIN PRICES

COMMERATIVE HALF DOLLARS

DATE	MINTAGE	EF-40	AU-50	MS-60	MS-65
1918 Illinois - Lincoln	100,058	50.00	75.00	100.	1000.
1946 Iowa	100,057	60.00	70.00	85.00	160.
1925 Lexington - Concord	162,013	30.00	40.00	70.00	900.
1936 Long Island	81,826	55.00	65.00	80.00	600.

EDMUND'S U.S. COIN PRICES

COMMERATIVE HALF DOLLARS 137

DATE	MINTAGE	EF-40	AU-50	MS-60	MS-65
1936 Lynchburg	20,013	130.	200.	200.	600.
1920 Maine	50,028	50.00	60.00	85.00	1000.
1934 Maryland	25,015	90.00	100.	160.	600.
1921 Missouri-2x4	5,000	220.	250.	375.	8000.
1921 Missouri	15,428	160.	175.	320.	7500.

EDMUND'S U.S. COIN PRICES

COMMEMORATIVE HALF DOLLARS

DATE	MINTAGE	EF-40	AU-50	MS-60	MS-65
1923 S Monroe Doctrine	274,077	22.00	27.00	45.00	4000.
1938 New Rochelle	15,266	260.	275.	350.	600.
1936 Norfolk	16,936	400.	425.	475.	520.
1926 Oregon Trail	47,955	40.00	80.00	90.00	300.
1926 S Oregon Trail	83,055	40.00	80.00	90.00	300.
1928 Oregon Trail	6,028	60.00	110.	200.	425.
1933 D Oregon Trail	5,008	90.00	140.	275.	525.
1934 D Oregon Trail	7,006	50.00	100.	200.	500.
1936 Oregon Trail	10,006	40.00	95.00	150.	325.

EDMUND'S U.S. COIN PRICES

COMMEMORATIVE HALF DOLLARS 139

DATE	MINTAGE	EF-40	AU-50	MS-60	MS-65
1936 S Oregon Trail	5,006	60.00	110.	220.	375.
1937 D Oregon Trail	12,008	40.00	95.00	125.	325.
1938 Oregon Trail, PDS Set	6,005	—	—	530.	1250.
1939 Oregon Trail, PDS Set	3,004	—	—	1200.	2400.
Oregon Trail, Type Coin	—	40.00	80.00	90.00	300.

1915 S Panama-Pacific Exposition	27,134	150.	200.	285.	3500.

1920 Pilgrim	152,112	30.00	45.00	65.00	750.
1921 Pilgrim	20,053	55.00	75.00	95.00	1200.

1936 Rhode Island, PDS Set	15,010	—	—	340.	1000.
1936 Rhode Island, Type Coin	—	60.00	85.00	100.	350.

EDMUND'S U.S. COIN PRICES

140 COMMEMORATIVE HALF DOLLARS

DATE	MINTAGE	EF-40	AU-50	MS-60	MS-65
1937 Roanoke	29,030	100.	180.	200.	400.
1936 Robinson - Arkansas	25,265	65.00	80.00	100.	500.
1935 S San Diego	70,132	60.00	65.00	75.00	160.
1936 D San Diego	30,092	60.00	65.00	75.00	175.
1926 Sesquicentennial	141,120	30.00	45.00	75.00	6750.
1935 Spanish Trail	10,008	575.	625.	750.	1150.

EDMUND'S U.S. COIN PRICES

COMMEMORATIVE HALF DOLLARS 141

DATE	MINTAGE	EF-40	AU-50	MS-60	MS-65
1925 Stone Mountain	1,314,709	20.00	27.50	42.00	225.
1934 Texas	61,463	70.00	80.00	120.	200.
1935 Texas-PDS Set	9,994	—	—	350.	600.
1936 Texas-PDS Set	8,911	—	—	350.	600.
1937 Texas-PDS Set	6,571	—	—	350.	600.
1938 Texas-PDS Set	3,775	—	—	625.	1400.
Texas, Type Coin	—	70.00	80.00	120.	200.
1925 Fort Vancouver	14,994	200.	220.	300.	1300.
1927 Vermont	28,142	100.	150.	210.	1100.

EDMUND'S U.S. COIN PRICES

COMMEMORATIVE HALF DOLLARS

DATE	MINTAGE	EF-40	AU-50	MS-60	MS-65
1946 B.T. Washington - PDS Set	200,113	—	—	36.00	175.
1947 B.T. Washington - PDS Set	100,017	—	—	50.00	440.
1948 B.T. Washington - PDS Set	8,005	—	—	90.00	230.
1949 B.T. Washington - PDS Set	6,004	—	—	100.	325.
1950 B.T. Washington - PDS Set	6,004	—	—	100.	250.
1951 B.T. Washington - PDS Set	7,004	—	—	80.00	250.
B.T. Washington, Type Coin	(3,091,205 Total for Type)	10.00	12.00	12.50	65.00

1951 Washington - Carver PDS Set	10,004	—	—	75.00	725.
1952 Washington - Carver PDS Set	8,006	—	—	75.00	425.
1953 Washington - Carver PDS Set	8,003	—	—	100.	550.
1954 Washington - Carver PDS Set	12,006	—	—	75.00	750.
Washington - Carver, Type Coin	(2,422,392 Total for Type)	10.00	12.00	15.00	100.

DATE	MINTAGE	MS-65	Prf-65
1982 D Geo. Washington-250th Anniversary	2,210,502	8.00	—
1982 S Geo. Washington-250th Anniversary	4,894,044	—	8.00

EDMUND'S U.S. COIN PRICES

COMMEMORATIVE COINS 143

DATE	MINTAGE	EF-40	AU-50	MS-60	MS-65
1936 Wisconsin	25,015	160.	180.	220.	380.
1936 York County	25,015	150.	170.	200.	325.

GOLD DOLLARS

1903 Louisiana Purchase-Jefferson	17,500	—	350.	500.	2900.
1903 Louisiana Purchase-McKinley	17,500	—	350.	500.	2900.
1904 Lewis and Clark Exposition	10,025	—	475.	1000.	6500.
1905 Lewis and Clark Exposition	10,041	—	475.	1200.	19,000.
1915 S Panama-Pacific Exposition	15,000	—	350.	475.	2900.
1916 McKinley Memorial	9,977	—	365.	500.	3200.
1917 McKinley Memorial	10,000	—	375.	650.	4250.

EDMUND'S U.S. COIN PRICES

COMMEMORATIVE COINS

DATE	MINTAGE	AU-50	MS-60	MS-65
1922 Grant Memorial with Star	5,016	650.	1500.	3000.
1922 Grant Memorial	5,000	650.	1600.	3200.

QUARTER EAGLES ($2.50 Gold Pieces)

1915 S Panama - Pacific Exposition	6,749	800.	1750.	5500.
1926 Philadelphia Sesquicentennial	46,019	280.	375.	9000.

FIFTY DOLLARS GOLD

1915 S Panama - Pacific Exposition - Round 48 322,500. 35,000. 100,000.
1915 S Panama - Pacific Exposition - Octagonal 645 17,500. 25,000. 85,000.

EDMUND'S U.S. COIN PRICES

1984 OLYMPIC GAMES, LOS ANGELES
SILVER DOLLARS

DATE	MINTAGE	MS-65	Prf-65
1983 P	294,543	21.00	—
1983 D	174,014	28.00	—
1983 S	174,014	21.00	—
1983 S PROOF	1,577,025	—	16.00

1984 P	217,954	22.50	—
1984 D	116,675	42.00	—
1984 S	116,675	45.00	—
1984 S PROOF	1,801,210	—	15.00

EAGLE

1984 W	75,886	235.	—
1984 W PROOF	381,085	—	225.
1984 P	33,309	—	310.
1984 D	34,533	—	265.
1984 S	48,551	—	240.

1986
STATUE OF LIBERTY CENTENNIAL
HALF DOLLAR

DATE	MINTAGE	MS-65	Prf-65
1986 D	928,008	6.00	—
1986 S	6,925,627	—	6.50

SILVER DOLLAR

| 1986 P | 723,635 | 20.00 | — |
| 1986 S | 6,414,638 | — | 15.00 |

HALF EAGLE

| 1986 W | 95,248 | 125. | — |
| 1986 W PROOF | 404,013 | — | 125. |

COMMEMORATIVE COINS   147

1987
CONSTITUTION BICENTENNIAL

SILVER DOLLAR

DATE	MINTAGE	MS-65	Prf-65
1987 P	451,629	14.00	—
1987 S	2,747,116	—	14.00

HALF EAGLE

1987 W	214,225	115.	—
1987 W PROOF	651,659	—	110.

EDMUND'S U.S. COIN PRICES

1988 OLYMPIAD

SILVER DOLLAR

DATE	MINTAGE	MS-65	Prf-65
1988 D	191,368	27.00	—
1988 S	1,359,366	—	14.00

HALF EAGLE

| 1988 W | 62,913 | 115. | — |
| 1988 W PROOF | 281,465 | — | 115. |

HALF CENTS 149

1989
BICENTENNIAL OF CONGRESS

HALF DOLLAR

DATE	MINTAGE	MS-65	Prf-65
1989 D	163,753	15.00	—
1989 S	767,897	—	12.00

SILVER DOLLAR

1989 D	135,203	35.00	—
1989 S	762,198	—	37.00

HALF EAGLE

1989 W	46,899	160.	—
1989 W PROOF	164,690	—	155.

EDMUND'S U.S. COIN PRICES

1990
EISENHOWER CENTENNIAL

SILVER DOLLAR

DATE	MINTAGE	MS-65	Prf-65
1990 W	—	32.00	—
1990 P	—	—	25.00

COMMEMORATIVE COINS   151

1991
MOUNT RUSHMORE
HALF DOLLAR

DATE	MINTAGE	MS-65	Prf-65
1991 D	—	11.00	—
1991 S	—	—	15.00

SILVER DOLLAR

1991 P	—	33.00	—
1991 S	—	—	36.00

HALF EAGLE

1991 W	—	220.	210.

EDMUND'S U.S. COIN PRICES

152 COMMEMORATIVE COINS

1991 KOREAN WAR

SILVER DOLLAR

DATE	MINTAGE	MS-65	Prf-65
1991 D	—	27.50	—
1991 P	—	—	30.00

1991 U.S.O. FIFTIETH ANNIVERSARY

SILVER DOLLAR

DATE	MINTAGE	MS-65	Prf-65
1991 D	—	30.00	—
1991 S	—	—	35.00

EDMUND'S U.S. COIN PRICES

COMMEMORATIV 153

1992 OLYMPIC GAMES

HALF DOLLAR

DATE	MINTAGE	MS-65	Prf-65
1992 P	—	9.00	—
1992 S	—	—	12.50

SILVER DOLLAR

| 1992 D | — | 30.00 | — |
| 1992 S | — | — | 35.00 |

HALF EAGLE

| 1992 W | — | 260. | 270. |

EDMUND'S U.S. COIN PRICES

UNITED STATES BULLION COINS
AMERICAN EAGLES
FIFTY DOLLARS—1 OUNCE

DIAMETER—32.7mm
WEIGHT—33.931 Grams
COMPOSITION—.9167 Gold,
 .03 Silver, .0533 Copper
DESIGNER—Augustus Saint-Gaudens
 (Obverse), Miley Busiek (Reverse)
EDGE—Reeded
PURE GOLD CONTENT—1.000 Tr. Oz.

DATE	MINTAGE	MS-65	Prf-65
1986	1,362,650	380.	—
1986 W	446,290	—	425.
1987	1,045,500	380.	—
1987 W	147,498	—	430.
1988	465,500	380.	—
1988 W	87,133	—	475.
1989	415,790	380.	—
1989 W	54,570	—	475.
1990	373,210	380.	—
1990 W	—	—	475.
1991	—	380.	—
1991 W	—	—	475.
1992	—	380.	—
1992 W	—	—	—

TWENTY-FIVE DOLLARS— OUNCE

DIAMETER—27mm
WEIGHT—16.966 Grams
COMPOSITION—.9167 Gold,
 .03 Silver, .0533 Copper
DESIGNER—Augustus Saint-Gaudens
 (Obverse), Miley Busiek (Reverse)
EDGE—Reeded
PURE GOLD CONTENT—.50 Tr. Oz.

DATE	MINTAGE	MS-65	Prf-65
1986	599,566	200.	—
1987	131,255	200.	—
1987 P	143,398	—	225.
1988	45,000	200.	—
1988 P	76,528	—	225.
1989	44,829	200.	—
1989 P	44,798	—	225.
1990	31,000	200.	—
1990 P	—	—	325.

BULLION COINS

DATE	MINTAGE	MS-65	Prf-65
1991	—	260.	—
1991 P	—	—	340.
1992	—	200.	—
1992 P	—	—	—

TEN DOLLARS— 1/4 OUNCE

DIAMETER—22mm
WEIGHT—8.483 Grams
COMPOSITION—.9167 Gold,
 .03 Silver, .0533 Copper
DESIGNER—Augustus Saint-Gaudens
 (Obverse), Miley Busiek (Reverse)
EDGE—Reeded
PURE GOLD CONTENT—.25 Tr. Oz.

DATE	MINTAGE	MS-65	Prf-65
1986	726,031	105.	—
1987	269,255	105.	—
1988	49,000	105.	—
1988 P	98,028	—	125.
1989	81,789	105.	—
1989 P	54,170	—	125.
1990	41,000	105.	—
1990 P	—	—	125.
1991	—	125.	—
1991 P	—	—	150.
1992	—	110.	—
1992 P	—	—	—

FIVE DOLLARS—1/10 OUNCE

DIAMETER—16.5mm
WEIGHT—3.393 Grams
COMPOSITION—.9167 Gold,
 .03 Silver, .0533 Copper
DESIGNER—Augustus Saint-Gaudens
 (Obverse), Miley Busiek (Reverse)
EDGE—Reeded
PURE GOLD CONTENT—.10 Tr. Oz.

DATE	MINTAGE	MS-65	Prf-65
1986	912,609	45.00	—
1987	580,266	45.00	—
1988	159,500	45.00	—
1988 P	143,881	—	65.00
1989	264,790	45.00	—
1989 P	84,647	—	65.00
1990	210,210	45.00	—
1990 P	—	—	70.00
1991	—	45.00	—
1991 P	—	—	75.00
1992	—	45.00	—
1992 P	—	—	—

SILVER EAGLES
ONE DOLLAR—1 OUNCE

DIAMETER—40.6mm
WEIGHT—31.101 Grams
COMPOSITION—.9993 Silver, .0007 Copper
DESIGNER—Adolph A. Weinman (Obverse), John Mercanti (Reverse)
EDGE—Reeded
PURE SILVER CONTENT—1.000 Tr. Oz.

DATE	MINTAGE	MS-65	Prf-65
1986	5,393,005	14.00	—
1986 S	1,446,778	—	22.00
1987	11,442,335	6.50	—
1987 S	904,732	—	20.00
1988	5,004,646	6.50	—
1988 S	557,370	—	90.00
1989	5,203,327	6.50	—
1989 S	617,694	—	20.00
1990	5,750,000	6.50	—
1990 S	700,000	—	28.00
1991	—	6.50	—
1991 S	—	—	25.00
1992	—	6.50	—
1992 S	—	—	—

// 157

Edmund's
MARKET PLACE

Edmund's has recently introduced our new MarketPlace Section, allowing buyers and sellers of coins and related products the opportunity to relay their messages to their audience.

We consider all of our advertisers to be reliable in the products and services they offer.

If you ever have any questions or comments regarding our advertisers or advertising in the *MarketPlace* section, we welcome your calls at 213/640-7840.

Lincoln Cents Good or Better

09, 18-S, 31, 39D, or 55S	.50 ea.
12P, 15P, 16S, 21S, 24S, or 33P	.95 ea.
09VDB, 13D, 23S, 32, or 32D	1.50 ea.
11D, 12D, or 22D	4.25 ea.
26S, 31D, or 33D	2.50 ea.
10S, 13S or 15S	6.50 ea.
14S or 24D	9.25 ea.
1943 Steel Cent BU .95 ea.	3/2.00
1955-S BU .75 ea.	3/1.75
1960 P & D Small Date BU	3.75
1982 7 piece Type Set BU	2.95

Indian Head Cents G/better	2/1.25
Liberty Nickels G/better	2/1.00
38 D+S, 39-S Jeff. Nick. G/better	3.00
1939 D Jeff. Nickel G/better	3.75
Silver War Nickels Av. Circ.	5/2.25
1950D Jefferson Nickel BU	6.95
$1 Silver Cert. No Motto —Unc.	3.75
$1 Silver Cert. With Motto —Unc	3.75
Foreign Banknotes 3/1.00 or	9/2.75

—— FREE PRICE LIST ——

Member ANANHNA Satisfaction Guaranteed
14 Day return privilege. Please add $1.75 postage

Jon L. Chickering and Co.
BOX 1011E • MANCHESTER, NH 03105

— New Collector? —

**U.S. MINT PROOF SETS:
A PRIMER**

This 30-page publication guaranteed to make you an educated collector on the subject of proof sets or your money back.
Send $5.00 (refunded on first order) to:

HERBERT SIEGEL
P.O. Box 680477, Miami, FL 33168
(ANA# 154210)

Become a coin dealer! Free sample product.
International, Box 35122E, Tulsa, OK 74153.

U.S., FOREIGN, TOKEN, PAPER MONEY, STAMPS, ETC. ALL ON OUR MONTHLY MAIL BID SALES. REQUEST FREE LIST. **GIFT CASTLE**, 740-ED MAIN STREET, GENOA CITY, WI 53218.

NOW WITH YOUR SUBSCRIPTION !
THE ANNUAL COIN INVESTMENT GUIDE

includes a complete overview of the coin market and specific investor tips.

SC2702

Yes, send me **Edmund's U.S. Coin Prices**, published quarterly. A useful guide for me —a collector of United States coins as well as an investor who wishes to include rare coins in my collection. I'll pay just **$30.95** and receive 4 issues plus the invaluable *Annual Coin Investment Guide.*

❏ I enclosed my check or money order for $_____
❏ Please charge my ❏ MasterCard ❏ Visa $ _____

Credit Card #_____ Exp. Date_____

Name:

Address:

City, State, Zip

SPECIALS

LARGE CENT G/BETTER	8.25
FLYING EAGLE CENT G/BETTER	8.00
10 DIFFERENT LIBERTY NICKELS (FULL DATE)	5.50
5 DIFFERENT BARBER QUARTERS (AVERAGE CIRC)	14.00
PEACE DOLLAR VG/BETTER	8.75
MORGAN DOLLAR VG/BETTER	9.50
ALL 19 COINS... SAVE!	50.00

MY DATES—ALL ORDERS POSTPAID

ROBERT CHANDLER
BOX 9019 AKRON, OHIO 44305

LET US KNOW WHAT YOU NEED

☐ SEND INFO ON SET BUILDING PROGRAMS

☐ SEND INFO ON COIN JEWELRY

☐ AM SENDING INFO ON COINS I HAVE FOR SALE

☐ AM ENCLOSING WANT LIST OF COINS I NEED FOR MY SET(S)

TRY US FOR PERSONALIZED SERVICE

NAME _____
ADDRESS _____
CITY _____
STATE, ZIP _____

GOLDEN WEST NUMISMATICS
16787 Beach Blvd.
Huntington Beach, CA 92647
1-714-891-4737

CoinNet

---

30 Type Coin Specials
$3 Each Lot

1. Copper-Nickel Indian Cent
2. 3 Different Pre-1900 Indians
3. 5 Different Indian Cents
4. 2 Different VF Indian Cents
5. 10 Different Teen Wheat Cents
6. 15 Different S-Mint Wheats
7. Mixed Wheat Cent Roll
8. 1883 "No Cents" Liberty 5¢
9. 5 Different Liberty Nickels
10. 8 Different Buffalo Nickels
11. Seated Dime
12. 3 Different Barber Dimes
13. 3 Different Mercury Dimes
14. Barber Quarters
15. Standing Quarter
16. Walking Liberty Half
17. Franklin Half
18. Cent Surprise Package
19. Nickel Surprise Package
20. Dime Surprise Package
21. Quarter Surprise Package
22. Half Dollar Surprise Package
23. Pre-1900 Surprise Package
24. Silver Coin Surprise Package
25. SS-Mint Surprise Package
26. Mixed Coin Surprise Package
27. Proof Coin Surprise Package
28. AG/Cull Surprise Package
29. 2 Different Canadian Large Cents
30. 15 Different World Coins

Any 10 Lots	Any 20 Lots	All 30 Lots
$27	$54	$81

FALLON COINS
BOX 944, 601 S. MAIN, FALLON, NV 89406

FREE WHOLESALE PRICELIST. ISSUED BI-MONTHLY. SEND SELF-ADDRESSED STAMPED ENVELOPE FOR A FREE COPY.
PHONE 1-800-366-6320. **BETTER COINS,** P.O. BOX 266564 E, HOUSTON, TX 77207.

**To advertise in the MARKETPLACE section call:
310-640-7840**

SUPERB UNITED STATES CURRENCY FOR SALE

Send for FREE Price List

Stanley Morycz
P.O. BOX 355, DEPT. B
ENGLEWOOD, OHIO 45322
513-898-0114